Margherita Binetti

Il Femminile

Margherita Binetti

Il Femminile

Una riflessione sulla dignità della donna tra Scrittura e Magistero

Edizioni Sant'Antonio

Cover image: www.ingimage.com

Publisher:
Edizioni Accademiche Italiane
is a trademark of
International Book Market Service Ltd., member of OmniScriptum Publishing Group
17 Meldrum Street, Beau Bassin 71504, Mauritius

Printed at: see last page
ISBN: 978-613-8-39303-0

INTRODUZIONE

Questo lavoro di tesi vuole dare breve e umile cenno ad una delle rivoluzioni profonde e silenziose in atto da tempo nella Chiesa: quella relativa ad una sorta di riscoperta della dignità della donna e della centralità del suo ruolo nella Chiesa. In particolare si intende portare all'attenzione il suo *munus profetico*, sottolineando l'ingresso delle donne nella teologia: in Italia questo fenomeno, pur essendo più recente e più limitato rispetto ad altre realtà internazionali, tuttavia, non risulta essere meno qualificato e meno influente. Si desidera sottolineare soprattutto l'apporto che le teologhe stanno dando allo sviluppo del pensiero ecclesiale, i cui frutti cominciano ad essere ben visibili. Uno dei contributi più significativi delle donne è stata senza dubbio la capacità di cogliere il valore delle presenze femminili nella storia biblica ed anche nei successivi sviluppi della vita ecclesiale. La stessa vita di Gesù, la sua spiritualità e il suo insegnamento, hanno acquisito così nuovi riflessi: sono ad oggi numerosissime e qualificate tutte quelle opere di teologhe che hanno arricchito la Chiesa e la sua riflessione teologica in maniera notevole quanto profonda.

La Bibbia è certamente un libro scritto e pensato al maschile, perciò si potrebbe affermare che la narrazione degli eventi salvifici ci giunge in una prospettiva parziale. Eppure, dal momento che gli eventi salvifici come tali riguardano l'umano e quindi includono l'apporto di entrambi i sessi, il loro messaggio può essere ora presentato in modo da cogliere anche la componente femminile della storia. Le esegeti, perciò, non hanno solo il compito di aggiungere altre interpretazioni a quelle dei loro colleghi dei secoli scorsi, ma hanno anche la missione di rileggere tutte le interpretazioni del passato in una prospettiva integrata ed integrante.

Per il raggiungimento dei fini citati, si è ritenuto opportuno strutturare questo lavoro di tesi in tre capitoli, analizzando il ruolo della donna e la sua dignità alla luce della Rivelazione (vetero e neotestamentaria) e dell'apporto magisteriale, dal Vaticano II ai nostri giorni in cui Papa Francesco spesso ricorda e valorizza tale tema.

Nel considerare la figura della donna nell'AT bisogna necessariamente prendere in considerazione il contesto cananeo nel quale viveva Israele e con il quale si confrontava continuamente.

Nel primo capitolo, dunque, procederò con una breve esposizione del femminile descrivendo il ruolo della donna nella società israelitica, sia a livello sociale sia come metafora del rapporto di Dio col suo Popolo. È chiaro che il destino della donna ebrea è nelle mani degli uomini: di suo padre e di suo marito. Un giovane per sposare una ragazza la deve comprare dal padre, il quale dietro sborso di una somma pattuita (cfr. Es 22,16; Dt 22,29) la consegna in proprietà al marito. Ma, per quanto alle dipendenze del marito e in funzione esclusiva del suo ruolo di capo e di detentore delle promesse divine, la donna dell'epoca patriarcale ha notevole possibilità di azione. Spesso sono le donne (ad esempio le mogli dei patriarchi) a cambiare il destino di un popolo. Il progetto di Dio, l'umanità ideale secondo la mente divina creatrice, non è sempre ed esattamente come la coppia umana l'ha realizzato. La donna è uguale all'uomo, con l'uomo è immagine di Dio, causa di gioia non soltanto per l'uomo che la riceve in dono, ma per Dio stesso che si compiace della riuscita della propria opera creatrice. Se vogliamo sapere chi sia veramente la donna (discorso identico vale anche per l'uomo), non possiamo fermarci soltanto alla situazione seguita al peccato. È necessario vederla dispiegata per intero nel piano misterioso di Dio.

Sempre nel primo capitolo affronterò, sia pur per cenni, il rapporto di Gesù con le donne: in particolare la novità dell'atteggiamento di Gesù che si è espressa anche nel suo rapporto rinnovato con le donne. Gli stessi rapporti vissuti con la Madre, con Maria Maddalena e le altre donne del suo seguito, sono stati letti inevitabilmente con occhi maschili e spesso sono stati banalizzati o trascurati.

Per l'atteggiamento di accoglienza e di reciprocità con cui Gesù ha vissuto i rapporti con le donne, si coglie un dato circa quella che potrebbe essere definita un'esperienza esistenziale del cambio di vita: Gesù cambia le donne che incontra e le donne cambiano Lui. Ci sono casi, per esempio la Madre a Cana, e la donna emorroissa, in cui Gesù sembra modificare opinione e programma in seguito all'intervento di donne. Per la funzione che le donne hanno svolto nell'ultima fase nella vita di Gesù e nel mattino di Pasqua, si può affermare prendendo in prestito la voce di Drewermann: «la parola decisiva che il cristianesimo rivolge al mondo è specificamente un messaggio di donne», dato che solo loro sono state in grado di resistere «al mondo maschile della distruzione e del potere con la loro semplice presenza», e solo loro sono state «capaci e degne di *vedere* e di rendere visibile la vittoria della vita e della morte».[1]

Nella Scrittura si incontrano alcuni nodi cruciali che potrebbero essere definite proprio come "svolte" caratterizzanti l'intera storia della salvezza: pur essendo in continuità logica e teologica con quanto precede, costituiscono il passaggio ad una fase nuova, ad un nuovo modo di comprendere l'alleanza, ad una nuova possibilità di rapporto con Dio. Quasi ad ognuno di questi punti di svolta si trovano figure femminili importanti e significative: esse costituiscono, in un certo senso, il tramite umano o il *partner* umano privilegiato dell'agire innovatore di Dio. Tra questi si è ritenuto importante dedicare un discorso specifico a Maria di Nazareth, madre di Gesù, e per Maria Maddalena, entrambe "simbolo" di donne discepole, profetiche e annunciatrici del Regno di Dio.

Il secondo capitolo presenterà la trattazione della questione della donna nella Chiesa alla luce del messaggio e dei documenti del Concilio Vaticano

---

[1] E. DREWERMANN, *Il messaggio delle donne. Il sapere dell'amore*, Queriniana, Brescia 1993, p. 5.

II: si illustrerà quale sia il contesto rinnovato nel quale sia possibile condurre una nuova analisi di quest'ultima e si forniranno gli strumenti adeguati per comprendere la valenza, non certo solo simbolica, della presenza delle donne in sede del Concilio.

L' 8 dicembre 1965, giorno di chiusura del Concilio, fu reso noto, fra i vari messaggi indirizzati dai Padri Conciliari all'umanità, anche quello rivolto alle donne:

> Ci indirizziamo a voi, donne di ogni condizione, figlie, spose, madri e vedove; a voi, vergini consacrate e donne solitarie: voi siete la metà dell'immensa famiglia umana. La Chiesa è fiera, voi lo sapete, d'aver esaltato e liberato la donna, d'aver fatto risplendere nel corso dei secoli, nella diversità dei caratteri, la sua uguaglianza fondamentale con l'uomo. Ma viene l'ora, l'ora è venuta, in cui la vocazione della donna si svolge con pienezza, l'ora nella quale la donna acquista nella società un'influenza un irradiamento, un potere finora mai raggiunto. [...] Donne, voi che sapete rendere la verità dolce, tenera, accessibile, impegnatevi a far penetrare lo spirito di questo Concilio nelle istituzioni, nelle scuole, nei focolari, nella vita quotidiana. Donne di tutto l'universo, cristiane e

non credenti, a cui è affidata la vita in questo momento così grave della storia, spetta a voi di salvare la pace del mondo![2]

Il messaggio del Concilio, come risulta da una prima lettura, resta attualissimo e fondamentale anche oggi.

Solo in tempi a noi vicini, infatti, sono state avvertite e assecondate anche dalla Chiesa le giuste rivendicazioni della donna in merito alla sua dignità ed eguaglianza con l'uomo, al suo diritto di un posto corrispettivo nell'ambito sociale ed ecclesiale, tema su cui ci si soffermerà nel terzo e ultimo capitolo della ricerca di tesi.

A tal fine ci si lascerà ispirare nella riflessione da alcuni documenti: il già citato messaggio alle donne del Concilio Vaticano II, il magistero di Paolo VI sull'argomento e la *Mulieris dignitatem* di Giovanni Paolo II; quest'ultima, in particolare, risulta essere un invito ad ogni donna a riconoscere il dono di Dio e a ritrovare se stessa in Cristo.

Attualmente un apporto importantissimo alla valorizzazione del genio femminile, considerandone le caratteristiche peculiari e invitando a rileggerlo alla luce delle nuove esigenze, al fine di comprendere la sua effettiva portata, lo sta offrendo Papa Francesco che ricorda: «Infatti nell'arco di questi ultimi decenni, accanto ad altre trasformazioni culturali e sociali, anche l'identità e il ruolo della donna, nella famiglia, nella società e

---

[2] PAOLO VI, *Messaggio del santo Padre Paolo VI alle donne*, 08.12.1965: *EV* 1/ 256.

nella Chiesa, hanno conosciuto mutamenti notevoli, e in genere la partecipazione e la responsabilità delle donne è andata crescendo».[3]

In particolare, il Papa invita a risolvere nel concreto le problematiche che impediscono al genio femminile di esprimersi liberamente nella sua interezza, e sottolinea come la valorizzazione della donna e del suo ruolo nel sociale passino anzitutto dal superamento dei pregiudizi del passato. In quest'ottica potrà esserci una maggior valorizzazione anche del ruolo e dell'apporto della donna alla riflessione teologica.

---

[3] PAPA FRANCESCO, *Discorso ai partecipanti del congresso nazionale promosso dal centro italiano femminile* (25 gennaio 2014), https://w2.vatican.va/content/francesco/it/speeches/2014/january/documents/papa-francesco_20140125_centro-italiano-femminile.html. (consultato il 28/02/2018).

Capitolo I

La donna nella Bibbia

1.1. Il ruolo della donna nell'ebraismo

La società dell'antico Israele da cui derivano i testi della Bibbia ebraica è strutturata in modo patriarcale. Nell'Antico Oriente chi è libero ha diritti personali e chi non lo è ha un diritto subordinato ai diritti effettivi del suo padrone o padrona (cfr. per es. Es 21,20s.32). La partecipazione alla religione locale dominante determina un innalzamento dello *status* sociale di cui godono le persone avanti in età perché i diritti alle risorse economiche vengono trasmessi da una generazione alla seguente solo poco prima della morte. Inoltre l'essere straniero o malato sminuisce la considerazione sociale di una persona. Nel medesimo ceto sociale gli uomini stanno al di sopra delle donne, che appartengono loro come figlie, sorelle o mogli. Tuttavia il *patriarcato* biblico non è da intendere semplicemente come *dominio maschile,* perché le donne di ceto superiore hanno comunque potere sulle persone loro soggette sia di sesso maschile che femminile.[4]

Tale *ordinamento gerarchico-sociale* si riflette non solo nei testi giuridici, ma anche riguardo a coloro che di volta in volta sono positivamente discriminati, con le conseguenze derivanti. In tal modo il *criterio di sesso/genere* ha una ricaduta molto rilevante nel costume e nella prassi giuridica, in quanto il padre trasmette la maggior parte della propria eredità al figlio maggiore e, quindi, quest'ultimo rimane ad abitare nella casa paterna, mentre una donna che contrae matrimonio deve abbandonare la casa paterna e trasferirsi presso il marito.[5] Questa forma di matrimonio è di tipo *virilocale* e prevede che la figlia abbandoni la casa e perciò non sia più disponibile ad assistere i genitori in caso di malattia o vecchiaia, dovendo accudire i suoceri. Il matrimonio di tipo *virilocale* ha gravi ripercussioni nella considerazione delle nascite: l'avere un figlio per i genitori significa godere di una "assicurazione sociale", ciò che prescrive anche il comandamento «onora il padre e la madre» del Decalogo (cfr. Es 20,12; Dt 5,16).

Il prezzo della sposa è allora da intendersi come un indennizzo per la famiglia della donna che, con lo sposalizio di quest'ultima, nel matrimonio *virilocale* perde una forza lavoro. La prassi del pagamento di un prezzo per

---

[4] Cfr. I. FISCHER, «Donne nell'AT», in *Donne e bibbia. Storia ed esegesi*, ed. A. VALERIO, EDB, Bologna 2006, p. 161.

[5] Cfr. L. ROSSO UBIGLI, «La donna nel giudaismo antico», in *Parole di vita*, 30(1985)5, pp. 32-39.

la sposa, frequentemente fraintesa come "compera della moglie", indica in realtà una maggiore considerazione della donna di quanto non avvenga invece con la prassi della dote, in cui i genitori della ragazza devono perfino pagare perché essa si sposi. La consegna delle due schiave a Lia e Rachele, in occasione delle nozze, da parte del padre Labano (cfr. Gen 29,24.29), potrebbe dunque essere interpretata come un regalo alle spose.

I matrimoni nell'antico Israele potevano essere *poligeni* sebbene di regola, vigesse comunque la monogamia.[6] Secondo il testo giuridico in Dt 25,5-10, in caso di morte del primogenito rimasto senza discendenza, si prevede per suo fratello il dovere di generare un figlio con la vedova, di conseguenza si deduce che il defunto è il più privilegiato; tuttavia i testi narrativi corrispondenti dimostrano l'interesse primario dell'assistenza alle vedove: non a caso gli orfani e le vedove appartengono alla misera *plebs* e sono posti sotto la protezione della divinità di Israele.[7]

Un ambito di vita dove le donne sono discriminate a causa della propria conformazione biologica è il culto. Le norme di puro e impuro colpiscono ciclicamente le donne, con la conseguenza che esse sono escluse molto più spesso degli uomini dalla comunità di culto.[8] Poiché anche il segno dell'alleanza di Dio col suo popolo, "la circoncisione", esclude le donne e, inoltre, mediante la successione genealogica, solo gli uomini accedono al

[6] Cfr. I. FISCHER, «Donne nell'AT», pp. 162-163.
[7] Cfr. Dt 10,18; 27,19; Sal 68,6.
[8] Cfr. Lv 15.

sacerdozio, risulta che nella rappresentazione biblica le donne siano chiaramente meno presenti nel culto a YHWH. Tuttavia, esistono donne che prestano servizio come i leviti, nel santuario (cfr. Es 38,8; 1Sam 2,22) e sono attive come cantanti nel tempio (cfr. 1Cr 25,5s).

1.2 Il ruolo della donna nella creazione

La creazione dell'uomo viene descritta in Gen 1,26-31 come ultimo atto della creazione del mondo. L'uomo viene concepito come immagine e somiglianza della divinità (cfr. Gen 1,26.27), per cui la somiglianza tra Dio e l'uomo è inerente alla creazione. É chiaro, però, come il fatto dell'essere immagine di Dio appartenga ad ambedue i sessi e che quindi sia il maschile che il femminile rappresentino la divinità. In più, anche il compito di dominare e procreare viene assegnato ad ambedue i sessi. Mentre Gen 1 contempla la creazione intera, Gen 2 si concentra sulla creazione dell'uomo, *adam*. Anche in questa narrazione l'uomo è evidentemente il più elevato degli esseri creati, plasmati tutti quanti con l'argilla, *adamah*. Evidentemente, tale narrazione percepisce l'uomo in un primo momento come essere indifferenziato. Egli ha bisogno però, per non essere solo, di un aiuto che gli corrisponda (2,18), segue la creazione degli animali ma non trova fra questi «un aiuto che gli sia simile» (cfr. Gen 2,20). Allora Dio da una delle due costole dell'uomo, modella la donna e la presenta all'uomo: «allora l'uomo disse: "Questa volta ella è carne della mia carne e osso delle mie ossa. La si chiamerà donna perché dall'uomo è stata tolta" per questo l'uomo abbandonerà suo padre e sua madre e si unirà a sua moglie, e i due saranno una sola carne» (cfr. Gen 2,23-24).[9] È necessario, quindi, non leggere separatamente i due racconti della creazione, dal momento che essi si chiariscono l'un l'altro. Purtroppo sovente lo si è dimenticato e sono state tratte conclusioni talvolta incresciose, in particolare per quanto riguarda una presunta inferiorità della donna rispetto all'uomo. Lo stesso san Tommaso d'Aquino afferma, per esempio, che la donna è stata creata meno perfetta dell'uomo perciò deve restare a lui sottomessa: «la donna è per natura sottomessa all'uomo perché l'uomo per sua natura dotato in più larga misura del discernimento della ragione».[10] Chiaramente in questa sua interpretazione San Tommaso fa riferimento non al primo capitolo della Genesi, ma unicamente al secondo e ciò facendo non aggiunge cose nuove all'argomento né propone nuove soluzioni interpretative. Al contrario egli si inserisce nell'alveo di una lunga tradizione: Jean Delumeau spiega che già Sant'Agostino ha fatto ricorso a "stupefacente distinzione": «ogni essere umano», dichiarò, «possiede un'anima spirituale asessuata e un corpo sessuato».[11] Nell'individuo

---

[9] Cfr. I. FISCHER, «Donne nell'AT», p. 165.

[10] Cfr. TOMMASO D'AQUINO, *Summa Theologiae I,* q. 1, a. 2.

[11] Cfr. J. DELUMEAU, *La paura in occidente,* SEI editore, Torino 1994, p. 482.

maschile il corpo riflette l'anima, cosa che non succede nella donna. L'uomo è dunque pienamente immagine di Dio, ma non la donna che non lo è per la sua anima, mentre il suo corpo costituisce un ostacolo permanente all'esercizio della sua ragione. L'uomo è interamente immagine di Dio ne consegue che la donna deve rimanere a lui sottomessa. Questa teoria ulteriormente aggravata da testi erroneamente attribuiti a Sant'Agostino stesso e a sant'Ambrogio, passò nel famoso *Decreto di Graziano* (verso il 1140-1150) che divenne fino all'inizio del XX secolo il canone diritto della Chiesa e dove si può leggere: «Questa immagine di Dio è nell'uomo, creato unico, fonte di tutti gli altri esseri umani e ha ricevuto da Dio il potere di governare, come suo sostituto, poiché è l'immagine di un Dio Unico. Per questo la donna non è stata fatta ad immagine di Dio».[12]

È chiaro che se si parte dal capitolo 2 si può sostenere che solo l'essere maschile è immagine di Dio, ma questa tesi è radicalmente sbagliata in quanto tale capitolo non parla dell'uomo immagine di Dio e non parla nemmeno esplicitamente della procreazione: l'unione della donna e dell'uomo è considerata come fine a se stessa, come luogo dove si realizza l'essere una sola carne. L'ordine di procreare del capitolo 1 non è certo ignorato ma superato e allargato: il fine primario dell'uomo e della donna è

[12] *Ibid.*

l'amore ed esso solo può costruire questo essere uno in una comune unione.[13]

Dio crea una donna dal fianco dell'uomo perciò solo in un reciproco faccia a faccia fra i due sessi l'essere umano si percepisce come uomo e donna (2,23). Uomo e donna, però, sono un aiuto che è simile.

Questa narrazione nella storia dell'esegesi venne spesso interpretata in maniera riduttiva quando la creazione della donna quale aiuto dell'uomo risultava svilita della sua profonda valenza. Infatti, se si esamina in modo più preciso il luogo in cui nella Bibbia ebraica ricompare il termine *ezar,* «aiuto», risulta evidente che non è forte chi ha bisogno di aiuto, bensì chi presta ed è d'aiuto, perché laddove l'essere d'aiuto non viene negato (cfr. Sal 31,11; 31,3), è sempre il Signore l'aiuto dell'uomo (cfr. Sal 30,11; 54,6). Già Christine De Pinzan aveva fatto notare come questo racconto dunque non si presti affatto alla legittimazione della sottomissione della donna all'uomo.[14]

«Non è bene che l'uomo sia solo» in altre parole non rientra nella volontà creatrice di Dio che l'uomo sia «solo» cioè isolato. Egli ha bisogno di un aiuto che gli sia simile. Il testo letterale ebraico è molto più ricco di significati di quanto non rivelino le nostre traduzioni correnti. Gli esegeti ci dicono che la traduzione letterale sarebbe: «bisogna che io gli faccia un

[13] Cfr. J. COVELLI, *Infinita è la sua tenerezza. Il volto umano di Dio*, Paoline, Milano 1998, p. 39.
[14] Cfr. C. DE PINZAN, *La città delle dame,* Carrocci, Milano 1997, pp. 55ss.

aiuto che sia il suo a-faccia-a-faccia» che significa «uno sguardo che si volge verso un altro sguardo». Nell'essere umano gli occhi non sono soltanto l'organo corporeo che permette di aprirsi sul mondo esterno ma sono anche il *luogo privilegiato* dove *l'essere interiore* si apre e può uscire da se stesso per entrare nell'intimo *dell'essere interiore* dell'altro. In ogni essere umano infatti vi è un'interiorità, una profondità, un *Mistero*. Se si raffrontassero tra loro i due racconti della Creazione si scoprirebbe che la radice di questo *Mistero*, di questo essere interiore, è esattamente *l'immagine di Dio*. L'essere umano non può prendere coscienza del proprio mistero, del proprio io, se resta da solo, e non può esprimere il proprio "io" e non dire "io" se non ha di fronte a se uno sguardo che si rivolga verso il suo sguardo, permettendogli quindi di entrare nella propria intimità, di conoscersi e di uscire da se stesso per donarsi. A queste profondità lo sguardo diventa una co-nascita, cioè il nascere uno assieme all'altro, uno per mezzo dell'altro e diventare cosi immagine di Dio. In questo modo il rapporto fra i due può definirsi comunione. Il fatto che la donna sia presa dal corpo dell'uomo, dicono i rabbini, spiega il suo desiderio di unirsi a lui; la scelta proprio della costola sta a sottolineare nei confronti dell'uomo la sua vocazione alla relazionalità: di fronte a lui, disponibile al confronto e al dialogo, o di fronte a lui opposta alla sua persona qualora si sgretoli l'armonia tra i due.

La storia seguente del peccato originale pone, per il momento, la donna al centro dell'evento. Ella discute su di un piano teologico col serpente prima di mangiare il frutto e di darne anche al proprio marito. Allorché tanto l'uomo quanto la donna non riconoscono la propria colpa nel momento in cui vengono chiamati da Dio a rendere conto, ma anzi se l'addossano a vicenda: sui due complici sono pronunciate parole di condanna.

Mentre prima la vita si svolgeva nel giardino del paradiso al cospetto di Dio, ora esso viene precluso alla creatura. All'uomo viene assegnato il duro lavoro dei campi e il ritorno a quella polvere da cui è stato tratto (cfr. Gen 3,17-19), mentre nelle parole di condanna rivolte alla donna si dichiara che alla sua bramosia verso l'uomo egli risponderà con il dominio (cfr. Gen 3,16).[15] Poiché l'ordine Divino non è stato rispettato dagli uomini, ora subentra e vige quello introdotto dall'uomo che, potrebbe far pensare stabilisca una disuguaglianza fra i sessi. Al contrario le narrazioni bibliche della Creazione sottolineano la parità dei sessi: anche se la via viene limitata in qualità e quantità, la donna diviene comunque la madre di tutti i viventi (cfr. Gen 3,20).

Nelle "storie dei padri", la lotta per la discendenza, che attraversa come un filo rosso le storie dei progenitori, ha un duplice significato: politico, quando si parla della lotta per il divenire del popolo, e teologico riguardo

[15] Cfr. I. FISCHER, «Donne nell'AT», p. 166.

alla speranza del compimento della promessa di popolo e terra. Le azioni con cui le donne proteggono i propri figli e i propri prediletti alla successione non sono da valutarsi come intrighi di famiglia, ma come vere e proprie svolte o cambi di direzione nella storia del popolo d'Israele e dei suoi vicini.[16] Non è Ismaele, figlio di Agar, a continuare la linea della promessa, ma Isacco, figlio di Sara (cfr. Gen 17;21), e neppure Esaù, figlio prediletto di Isacco, ma quello di Rebecca (cfr. Gen 25,28; 27,1ss). Le rivalità che in questo modo insorgono *fra le madri* sono state spesso valutate dagli studiosi come pettegolezzi, finendo con l'essere banalizzate.[17] Del resto, anche quando Israele esce dall'Egitto e dopo quarant'anni può fare il proprio ingresso nella terra promessa, la prima conquista di una città avviene con l'aiuto di una donna Raab, (cfr. Gs 2,6).

1.3 La profezia al femminile

È possibile leggere il testo biblico attraverso quella che possiamo definire una linea di profezia al "femminile", cioè attraverso la testimonianza dei gesti e delle parole delle donne che hanno saputo leggere la storia in senso profetico in quanto hanno disposto della capacità di accogliere e vivere il dono dello spirito di Dio su di loro. La tradizione vuole che chi è raggiunto dallo spirito profetico assuma un ruolo superiore

[16] Cfr. Ivi, p. 167.
[17] Cfr. Ivi, p. 168.

a quello del Sommo Sacerdote del Tempio, e ciò vale per tutti: uomini, donne, schiavi o liberi, pagani o ebrei.

In tale linea profetica al “femminile”, che comincia con le mogli dei patriarchi e si snoda lungo tutta la storia biblica, c'è la testimonianza delle “figlie di Sion”[18] che partecipano da protagoniste alla storia della salvezza in cui è coinvolto il popolo di Israele: esse sono parte viva della vicenda con un ruolo unico e insostituibile, proprio in quanto donne.

Nel classico libro della sapienza dei Proverbi di Salomone si ritiene in genere che nei discorsi didascalici un maestro istruisca i suoi allievi (maschi); l'introduzione al libro parla, tuttavia, tutt'altra lingua: il richiamo all'attenzione rivolto al *benì,*«figlio mio», raccomanda di prestare ascolto al «precetto di tuo padre» e alla «Torah di tua madre» (cfr. Pr 1,8). L'insegnamento dei genitori deve essere inteso come commento in forma di *midrash* del decalogo (cfr. Dt 5,6-21) e dello *Shema Israel* (6,4-9) la più nota e importante preghiera del giudaismo.[19]

Come debba configurarsi concretamente l'insegnamento della madre, appare poi nell'ultima parte del libro dei Proverbi (c.31). Essa è intitolata *«Parole di Lemuel,* re di Massa, *che sua madre gli insegnò»* (v.1). La seconda parte invece, Pr 31,10-31, può essere letta come insegnamento

[18] È un'espressine biblica per indicare le “figlie di Israele”, se usata al singolare può significare la città di Gerusalemme.
[19] Cfr. I. FISCHER, «Donne nell'AT», p. 177.

della figlia.[20] La madre insegna alla figlia come debba comportarsi per essere «una donna eccellente» e in 31,29 attesta che essa lo è già. Nell'insieme, nel libro dei Proverbi, questa donna energica è in relazione con la Sapienza, che compare come parlante in Pr 1-9. La donna virtuosa viene rappresentata nei colori di Donna Sapienza, per cui il libro dei Proverbi assume una cornice «connotata al femminile».[21] Attraverso l'insegnamento della Torah (cfr. Pr 21,26) e soprattutto, con le sue vesti (cfr. Pr 21,21s) la donna assume funzioni sacerdotali, infatti i tessuti di lusso colorati di porpora e cremisi e i lini di bisso compaiono nell'Antico Testamento soltanto abbinati ai paramenti dei sacerdoti e all'equipaggiamento del luogo sacro nel deserto (la tenda dell'alleanza).[22]

Questo testo chiave del libro dei Proverbi, che proviene da una donna e celebra una donna, non appare come una bengodi patriarcale in cui debbano lavorare solo le donne e non gli uomini, bensì un documento che è prova della capacità giuridica e dell'indipendenza economica delle donne: esso è un testo teologicamente importante in quanto affida alle donne non solo la trasmissione ma anche la funzione salvifica.

---

[20] Cfr. A. J. HESCHEL, *Il sabato*, Garzanti, Milano 1999, pp. 65-71.

[21] Cfr. E. JOHNSON, *Colei che è. Il mistero di Dio nel discorso teologico femminista*, Queriniana, Brescia 1999, pp. 158-252.

[22] Cfr. I. FISCHER, «Donne nell'AT», p. 178.

1.4 Metaforica femminile

La donna non è segno di benedizione divina in rapporto solo alla sua capacità di essere "donna di valore", lo è anche per i segni della vita che porta in sé: essi sono un dono di Dio e quindi godono intrinsecamente di una natura trascendente e sono i segni di fecondità con cui la prima coppia è stata benedetta (cfr. Gn 1,28).[23]La donna infatti, in virtù della sua femminilità e della sua predisposizione anche fisica alla maternità, manifesta col proprio essere una particolare partecipazione al mistero della vita e quindi all'azione creatrice di Dio.[24] Nel discorso divino in Is 42,14 per illustrare il suo agire salvifico YHWH utilizza la metafora della partoriente. Lo svolgimento del parto, che viene facilitato attraverso una specifica tecnica del respiro (sbuffare, ansimare, gridare con una forte compressione),[25] non è immagine di pena, bensì atto liberatorio di forza tendente ad un fine.

Nei discorsi divini di Is 46,3s e 49,15, lo sconfinato amore della madre per il figlio partorito costituisce il termine di paragone della metafora. Se per quanto concerne le madri umane dovesse accadere qualcosa di impensabile e il loro amore dovesse fallire, l'amore materno di YHWH

[23] Cfr. P. STEFANI, «Il mistero della nascita e della vita nell'ebraismo», in SeFeR 23(2000)92, pp. 3-6.
[24] Cfr D. SAGHI. ABBRAVANEL, «La metà di Abramo, la metà del cielo», in *Orot,* 1 1191/2, pp. 8-11.
[25] Cfr. I. FISCHER, «Donne nell'AT», p. 193.

tuttavia non viene mai meno (49,15). Anche quando i figli sono cresciuti e persino invecchiati, la divinità li porterà e li sosterrà come ha fatto fin dal grembo materno.[26]

Un aspetto speciale della rappresentazione del divino attraverso il femminile *syta* nelle documentazioni grammaticalmente femminili di *ruah,* lo Spirito. L'infuriare della tempesta. Nella sua accezione primaria della *Ruah* e che può agire al posto di Dio, sta a significare sia "vento" che "forza vitale", ovvero la forza che dota certe persone di iniziativa e autocoscienza per agire, e che come tale proviene dalla stessa divinità.[27] Si trova anche la formulazione «Santo Spirito» (cfr Is 63,10s; Sal 51,13; Sap 9,17) e anche il nesso con la Sapienza «Spirito di Sapienza» (cfr. Is 11,2) e la rappresentazione della Sapienza come Spirito (cfr. Sap 1,5-7; 7,22). Non è possibile nemmeno tacere su una espressione assolutamente congrua alla femminilizzazione di Dio, quella della sua "misericordia" (*rah^{a}mim).* La stessa radice accomuna infatti la compassionevole ed infinita capacità divina d'accogliere e perdonare e l'utero (*rehem),* l'organo femminile che rende possibile, dopo il concepimento, la gestazione dell'embrione e del feto.[28]

---

[26] Cfr. Ivi, p. 194.

[27] Cfr. C. MILITELLO, «Ruah-Spirito», in *Le donne dicono Dio. Quale Dio dicono le donne? E Dio dice le donne*, edd. M.T. BELLENZIER - O. CAVALLO, Paoline, Milano 1995, pp. 73-90.

[28] Cfr. GIOVANNI PAOLO II, Lettera enciclica *Dives in Misericordia*, 30.11.1980: *EV* 7/882.

È piuttosto in questa direzione che occorre rileggere le suggestioni di una costante biblica, patristica e liturgica, ben comprendendo che è possibile sostituire lo schema "subordinazione/inferiorità" con un'autentica e profonda "reciprocità" uomo-donna.[29]

1.5 Gesù e le donne

Nel giardino dell'Eden Adamo accusa la donna e Dio, dicendo «la donna che tu mi hai posto accanto mi ha dato dell'albero e io ho mangiato» (cfr. Gen 3,12); invece nel Nuovo testamento spetta al nuovo Adamo riappacificarsi con Eva, attraverso l'operato di Gesù che restituisce alle donne e non solo, la loro dignità, in maniera molto innovativa:

> Gesù si incamminava per città e villaggi proclamando ed evangelizzando il regno di Dio e i dodici con lui e alcune donne le quali erano state guarite da spiriti cattivi e infermità Maria la chiamata maddalena - dalla quale erano usciti sette demoni- e Giovanna moglie di Cusa amministratore di Erode e Susanna e molte altre le quali rendevano loro servizio con i loro beni (cfr. Lc 8,1-3).[30]

---

[29] Cfr. C. MILITELLO, «Differenza sessuale e patrimonio teologico», in *Antropologia cristiana. Bibbia, teologia, Cultura*, ed. G. MORICONI, Città Nuova, Roma 2001, pp. 653-694.
[30] E. BIANCHI, *Gesù e le donne*, Einaudi s.p.a., Torino 2016, p. 18.

Appare dunque certo che tra i seguaci di Gesù vi fossero «molte donne» (cfr. Mt 27,55) e nella cerchia attorno a Lui anche alcune donne che lo seguissero come discepole.[31]

Come tutti, Gesù entrò in relazione con uomini e donne, perciò dovrebbe essere naturale nonché appropriato riflettere anche sul rapporto tra Gesù e le donne presenti sia nella sua vita sia nel suo ministero di annunciatore del Regno di Dio. Per Barbaglio il rapporto di Gesù con le donne innesca un meccanismo rivoluzionario: «il dato originale di donne che facevano parte del circolo più stretto attorno a Gesù [...] è un aspetto non secondario dello scandalo che egli suscitava nel suo ambiente».[32]

La scarsità delle fonti a disposizione a riguardo, è dovuta dal fatto che le donne nella cultura antica erano soggetti marginali e subalterni. Per questo non bisogna dedurre l'assenza delle donne quando esse non sono menzionate, né dare per assodato il loro silenzio quando non sono ricordate le loro parole.

L'annotazione lucana da dove siamo partiti, afferma una rottura di Gesù con la tradizione perché in quel tempo era inaudito che delle donne seguissero un rabbi, un maestro; anzi, come si è visto era disdicevole e vergognoso che un rabbi insegnasse a delle donne le "cose di Dio".[33]

---

[31] Cfr. Ivi, p. 20.
[32] G. BARBAGLIO, *Gesù ebreo di galilea. Indagine storica,* EDB, Bologna 2002, p. 84.
[33] Cfr.G. ROSSÈ, *Il vangelo di Luca. Commento esegetico e teologico,* Città Nuova, Roma 1995, p. 281.

L'attenzione di Gesù nei confronti delle donne, in un'epoca di spiccato maschilismo e misoginia, fu molto significativa perché:

L'atteggiamento di Cristo nei riguardi delle donne conferma e chiarisce nello Spirito Santo la verità sull'eguaglianza dei due: uomo donna [...] un'uguaglianza evangelica, la parità della donna e dell'uomo nei riguardi delle grandi opere di Dio, quale si è manifestato in modo così limpido e nella parola di Gesù di Nazareth, costituisce la base più evidente della dignità e della vocazione della donna nella Chiesa e nel mondo.[34]

Gesù è egli stesso la Rivoluzione e le donne sono le prime a comprenderne il messaggio ed inoltre con le donne Gesù ha in comune il suo donare la vita per gli altri, caratteristica che rispecchia le figure femminili in ogni giorno della loro esistenza in ambito familiare, sociale, lavorativo.

---

[34] GIOVANNI PAOLO II, Lettera Apostolica *Mulieris Dignitatem,*15.8.1988, *EV 11/1280-1283.*

1.6 Maria di Magdala

Maria la Maddalena è nota in tutti e quattro i Vangeli, anzi nel Nuovo Testamento conosciamo trentanove donne nominate per nome ma la più nominata, dopo Maria la madre di Gesù, è proprio Maria la Maddalena.[35]

Lei è un esempio luminoso di donna annunciatrice del Signore risorto, è una sua discepola senza complessi e senza timore di esporsi, di fare brutta figura, di non essere creduta.

Nelle versioni moderne Maria la Maddalena è l'equivalente di «Maria di Magdala» nativa da Magdala. Stranamente non si conosce alcun villaggio o città del I secolo con questo nome.[36]

Origene sembra il primo a collegare Maria con una Magdala. Secondo lui, nel suo commento a Matteo: «la Maria [è proveniente] dalla magnificenza; infatti Magdala si traduce *Megalismos* cioè magnificenza». Origene fa evidentemente derivare questa libera traduzione dall'ebraico *gadal* «essere grande».[37]

Nella società di Gesù e dintorni la donna, diversamente dall'uomo, non veniva denominata con un toponimico,[38] ossia attraverso il nome del suo luogo d'origine. «Maddalena» infatti è un eponimo, ovvero un soprannome

---

[35] Cfr. M. L. RIGATO, *Discepole di Gesù*, EDB, Bologna 2011, p. 98.
[36] Cfr. Ivi, p. 99.
[37] Cfr. ORIGENE, *Commento a Matteo.Series/1*, Città nuova, Roma 2004, p. 294.
[38] Cfr. E. DE BOER, *Maria Maddalena. Oltre il mito alla ricerca della sua vera identità*, Claudiana, Torino 2000, p. 32.

topografico. Ciò lo ricaviamo da Luca: «Maria, chiamata Maddalena» (cfr. Lc 8,2). Se Maddalena è un soprannome, deriva certamente dall'ebraico *gadal* «essere grande».[39]

Ella è presente in tutti i Vangeli insieme alle altre discepole di Gesù, donne di Galilea, ed è da Giovanni particolarmente evidenziata come donna vicina a Gesù e come prima testimone della sua resurrezione.

Straziata Maria di Magdala è sotto la croce, proprio nell'ora estrema della vita di Gesù, mentre tutti gli altri discepoli sono invece fuggiti, abbandonandolo.

Il terzo giorno dopo la morte, Maria viene al sepolcro: non va per ungere il cadavere di Gesù (cfr. Mc 16,1; Lc 24,1), né per osservare la tomba (cfr. Mt 28,1), ma in modo totalmente gratuito.[40] Possiamo solo dire che in lei c'è un desiderio di stare vicino al corpo di Gesù, Colui che Maria ha amato è morto.

Giunta alla tomba vede la pietra rimossa e non fa molto caso neppure ai due angeli, che pure erano una manifestazione divina e avrebbero dovuto destare in lei timore (cfr. Mt 16,5 e par). Maria cerca Gesù il suo Signore. Gesù è il Signore il *Kyrios* della Chiesa, ma da lei è chiamato «il mio Signore». C'è qualcosa di straordinario in questo amore persistente al di là della morte, che induce Maria a cercarlo: cerca Gesù con tutto il suo essere,

[39] Cfr. M. L. RIGATO, *Discepole di Gesù*, p. 101.
[40] Cfr. Ivi, p. 108.

corpo, mente e cuore, cerca il Suo corpo, il corpo dell'amato. A Maria non bastano né il ricordo né le sue parole, né il sepolcro quale un memoriale. Questa è una ricerca amorosa e fedele che fa fatica ad accettare la fine di un rapporto, per lei Gesù significava tutto. A lei è stato concesso di provare quell'esperienza che alcuni nella propria vita fanno per straordinaria grazia: risalire grazie a qualcuno, dall'ombra di morte, dal non senso, a una verità che conosce l'essere amati e l'amare. Nel suo dolore si volta indietro, non guarda più la tomba né gli angeli, ma scorge un uomo, il quale le pone la medesima domanda degli angeli «Donna perché piangi?», ed ella piange per amore e per dolore dell'amore. Ma quell'uomo che è Gesù le chiede anche: «Chi cerchi?» Domanda essenziale che Gesù poneva a chiunque volesse diventare suo discepolo: cercare è la condizione specifica del discepolo. Gesù col volto verso il volto di Maria, le dice «*Miriam!*» e lei voltandosi è pronta a riconoscerlo. Una nuova chiamata e subito un invito «cessa di toccarmi» cioé non c'è più possibilità di incontro fra corpi come prima, essendo ormai il corpo di Gesù risorto nel seno del Padre. Maria ora deve credere e amare Gesù in modo altro: il suo amore non muore, non verrà meno, ma altro è il modo in cui Maria dovrà amare Gesù.

All'origine della fede Pasquale vi è, dunque, innanzitutto Maria di Magdala, una donna che ha creduto nel Signore Gesù e lo ha amato.[41] È

---

[41] Cfr. M. L. RIGATO, *Giovanni: l'enigma il Presbitero il culto il Tempio la cristologia,* EDB, Bologna 2007, pp. 319-320.

proprio lei che per prima riunisce in sé le condizioni richieste per l'apostolato: a seguito Gesù dalla Galilea (cfr. Lc 8,2; 23,49.55), è stata testimone della sua morte (cfr. Mc 15,40; Mt 27.56) e sepoltura (cfr. Mc 15,47 e par), ha visto il Risorto ed è stata da lui inviata per una missione di testimonianza (cfr. Gv 20,17-18) esattamente come i dodici apostoli.[42] Nel mandato di Gesù «va, incamminati e dì» riecheggia soltanto una tipica formula di incarico del profeta messaggero, ma è un mandato del Risorto. Maria deve andare a dire non solo della resurrezione di Gesù ma anche dell'ascesa di Gesù al Padre.[43] Maria è *anghellousa, "annunciatrice":* il Signore risorto manda davanti a sé una *nunzia*, si fa *nunziare* da una donna.[44]

Maria di Magdala e le altre donne hanno fatto memoria di Gesù, una memoria squisitamente fondamentale per la formazione e la stesura dei Vangeli. Di loro però non sappiamo nulla, nemmeno di una loro eventuale presenza nella Chiesa nascente di Gerusalemme.

---

[42] Cfr. M. A. DIEZ, «Magdala», in *Enciclopedia della Bibbia,* IV, ElleDiCi, Torino 1970, pp. 832-835.
[43] Cfr. M. L. RIGATO, *Discepole di Gesù*, p. 106.
[44] Cfr. ID., *Giovanni: l'enigma il Presbitero il culto il Tempio la cristologia,* pp. 283-307.

1.7 Maria madre di Gesù

«Anche lei aveva fatto il suo cammino di croce.

Le quattordici stazioni....

C'erano ben quattordici stazioni...

Non lo sapeva nemmeno esattamente...

Eppure le aveva fatte tutte».[45]

Papa Giovanni Paolo II, nella sua enciclica *Redemptoris Mater,* ha presentato Maria come «la prima fra i piccoli che credono in Dio».[46] Questa asserzione, poi, si allarga in modo che Maria viene ad essere presentata come «la prima» nei diversi livelli della vita cristiana: è la prima dei poveri, dei credenti, di quanti confidano in Dio. Il Magistero ci offre un campo nuovo di ricerca teologica: Maria si presenta come principio di un'umanità che cerca Dio ma che *in primis* è cercata da Lui, e che riceve il dono che Dio offre in Cristo.[47]

Su questa base dobbiamo affermare che Maria non è Immacolata solo perché Dio le ha concesso delle possibilità di esistenza positiva, aperta al piano della grazia, ma è Immacolata perché lei stessa accoglie il dono che

---

[45] H. DE LUBAC, *L'eterno Femminino,* Marietti, Bologna 1969, pp. 50-51.
[46] Cfr. GIOVANNI PAOLO II, Lettera enciclica *Redemptoris Mater*, 25.03.1987: *EV 10*/1313-1316.
[47] Cfr. V. DI PILATO, *Consegnati a Dio,* Città Nuova Editrice 2010, p. 71.

Dio le ha dato, in un processo di maturazione personale trasparente e creatrice, all'interno della storia.

Maria è nata per farsi, in verità, come persona. Per questo nascita e realizzazione si trovano uniti. Nasce su un piano umano, ricevendo la possibilità di essere persona e realizzandola in modo personale in un'apertura verso gli altri. Così lo ha considerato il Vaticano II, quando parlando della nascita e del pieno sviluppo di Maria, dice:

> Così Maria figlia di Adamo, acconsentendo alla parola divina, diventò madre di Gesù, e abbracciando, con tutto l'animo e senza peso alcuno di peccato, la volontà salvifica di Dio, consacrò totalmente se stessa quale ancella del Signore alla persona e all'opera del Figlio suo, servendo al mistero della redenzione sotto di lui e con lui, con la grazia di Dio onnipotente. Giustamente quindi i Santi Padri ritengono che Maria non fu strumento meramente passivo nelle mani di Dio, ma cooperò alla salvezza dell'uomo con libera fede e obbedienza.[48]

Essa è più che «grembo e mammelle», (cfr. Lc 11,27), è la «credente» (cfr. Lc 1,45) ha dialogato con Dio e in questo dialogo sviluppa e realizza la sua persona. In questo modo «accoglie e custodisce la Parola» (cfr. Lc

---

[48] CONCILIO VATICANO II, Costituzione dogmatica sulla chiesa *Lumen Gentium*, 21.11.1964: *EV* 1/432.

11,28), così che la stessa Parola di Dio possa diventare carne nella nostra vita (cfr. Gv 1,14). Ha dialogato con Dio e davanti a Dio si è decisa da sola (cfr. 1,26-389). Lei Lo accetta e in tal modo accetta un tipo di esistenza conflittuale, come indica Lc 2, 24-25 e la stessa spada del giudizio di Dio trapassa le sue viscere, così che deve assumere tutta la sofferenza della storia.[49]

La madre di Gesù è certo la figura femminile più nota e più amata non soltanto nei Vangeli ma in tutta la storia della salvezza, e nonostante questo è la più sfuggente.[50]

La tradizione cristiana, attraverso i secoli, ha sviluppato ampiamente il ruolo di Maria, elaborando i diversi dati evangelici e tuttavia alle volte anche prescindendo da essi. I risultati spesso hanno portato la donna credente Maria di Nazareth a diventare sempre più evanescente. Regina di tutte le perfezioni, ma di fatto sempre più separata, più remota dall'umanità, sino a compromettere la sua stessa possibilità di essere «segno e modello».[51]

---

[49] Cfr. X. PIKAZA, «La Madre de Jesus. Introduccion a la mariologia», in *Come si manifesta in Maria la dignità della donna*, edd. P. ERMANNO- M. TONIOLO, Centro di cultura mariana Madre della Chiesa, Roma 1990, pp. 26-31.

[50] Cfr. L. SEBASTIANI, *Donne dei Vangeli,* Edizioni Paoline, Milano 1994, p. 30.

[51] Cfr. PAPA FRANCESCO, *Il Vangelo del sorriso. Non siate mai uomini e donne tristi,* edd. J. SCHWIETERT- L. ROGAK, Edizioni Piemme Spa, Milano 2013, p. 69.

La mariologia degli ultimi vent'anni, seguendo una idea accolta già nella *Marialis cultus* di Paolo VI, sta passando dalla lettura “ancillare” di Maria alla più evangelica e più feconda lettura “discepolare”.[52]

«La Chiesa vede in Maria la massima espressione del “genio femminile” e trova in lei una fonte incessante d'ispirazione. Maria si è definita “serva del Signore”» (cfr. Lc 1,38).[53]

Nell'assenso della “serva del Signore” non vi è passività: è già difficile per la logica umana pensare che ciò sia possibile, ancor di più se si rapporta l'assertività all'immagine del servo. Tuttavia la stessa espressione del Vangelo di Luca, su cui si fonda tutta la lettura ancillare di Maria, «Eccomi sono la serva del Signore» (cfr. Lc 1,38-48), sottolinea quella disponibilità intrepida, creativa e anche, se si vuole, profondamente anticonformista, che è premessa necessaria alla stessa possibilità di essere discepoli di Gesù.[54]

«Ma la potenza dello Spirito è ben diversa da quella degli uomini, perché si accompagna e coincide con la più grande umiltà: non solo si associa all'umiltà della serva del Signore (cfr. Lc 1,38-48), ma si nasconde dietro di lei, tanto da passare completamente sotto silenzio».[55]

---

[52] Cfr. L. SEBASTIANI, *Donne dei Vangeli,* pp. 31-33.
[53] Cfr. GIOVANNI PAOLO II, *Lettere sulle donne*, 29.6.1995: *EV 13/2900-2929.*
[54] L. SEBASTIANI, *Donne dei Vangeli,* p. 34.
[55] Cfr. F. LAMBIASI - D. VITALI, *Lo Spirito Santo Mistero e Presenza,* EDB, Bologna 2004, p. 98.

Maria ci aiuta a comprendere che, attraverso la donna, la Chiesa si riconosce nella sua totalità di Mistero.[56] Ella è perfino custode della Chiesa, che le è stata affidata in quanto donna, in quanto madre.[57]

È consueto quasi scontato prender le mosse dal racconto dell'Annunciazione per riflettere in termini evangelici su Maria madre di Gesù. Ma forse nessun altro episodio aiuta a inquadrare nella giusta prospettiva la sua figura e il suo ruolo tanto quanto il racconto giovanneo delle nozze di Cana. Tutto inizia con una frase di Maria al figlio «Non hanno più vino», molto breve e quotidiana, e forse per questo enigmatica. Il dialogo tra Maria e Gesù, che suona ovvio per noi, soltanto perché lo conosciamo bene, è in realtà una continua sorpresa. Sembra che gli interlocutori si capiscano poco. Ma ciò che si compie è una tappa importantissima nella storia della salvezza, non semplicemente un aiuto dato a persone in difficoltà: esso non riguarda soltanto Gesù che agisce o Maria che lo spinge ad agire, o lo sposo e la sua famiglia che vengono aiutati in un'emergenza, riguarda, invece, *tutti,* anche quelli lontani da quel contesto, nello spazio e nel tempo, noi compresi. Come del resto ogni miracolo del Vangelo.

---

[56] Cfr. T. PORCILE SANTISO, *La donna spazio di salvezza. Missione della donna nella chiesa, una prospettiva antropologica,* Dehoniane, Bologna 1996, p. 358.

[57] Cfr. PAOLO VI, *Discorso del 21 novembre 1964*, in *Acta Apostolicam sedis* 56(1964), p. 1015: "cioè Madre di tutto il popolo cristiano, tanto dei fedeli quanto dei pastori".

All'intervento della madre, Gesù risponde: «che c'è tra me e te o donna? non è ancora giunta la mia ora».[58]

L'appellativo "donna" riporta ad un altro luogo del Vangelo in cui Gesù si rivolge a sua madre al momento della morte. Che cosa hanno in comune questi due passi? Forse il fatto che in entrambe le occasioni Gesù valorizza il ruolo di sua madre in quanto «persona» e si potrebbe dire, il suo ruolo di «discepola» su un piano soprattutto simbolico e spirituale. Questo suo atteggiamento è profondamente innovatore e rivoluzionario, perché in Israele, la maternità è la vera ragione d'essere dell'esistenza femminile, tuttavia Gesù dirà che ciò che conta non si riduce ai legami di sangue ma ai nuovi legami costruiti nella logica del Regno. Naturalmente il racconto giovanneo non vuole assolutamente essere una cronaca, è tutto in prospettiva teologica. È probabile che una comune donna ebrea non avrebbe osato replicare dinnanzi ad una risposta molto decisa data dal figlio maschio adulto. Invece secondo l'evangelista, Maria agisce in tutt'altro modo, trasmette l'ordine ai servi: «fate quello che vi dirà». Questa frase allude all'atteggiamento discepolare nel suo insieme:[59] a null'altro può tendere il discepolo che a fare quello che Gesù dirà, cioè ad impostare la sua intera vita nel senso profondo che è nella sequela stessa. Forse, se si dovesse schematizzare in breve il ruolo di Maria nella vita di fede dei

---

[58] Cfr. L. SEBASTIANI, *Donne dei Vangeli,* p. 34.
[59] Cfr. Ivi, p. 51.

cristiani, non si potrebbe farlo in un modo più essenziale e più corretto che attraverso questa frase del quarto vangelo «Fate quello che vi dirà»: questo è il suo annuncio ed è anche l'esempio che traspare da tutta la sua vita. Non è facile che qualcuno riesca a far cambiare idea a Gesù, ma, secondo il racconto dei Vangeli, ciò accadrà solo due volte, guarda caso entrambe in risposta all'intervento di una donna. Queste due donne saranno Maria madre di Gesù e l'emorroissa.[60]

[60] Cfr. *Ibid.*

CAPITOLO II

La dignità della donna alla luce del Concilio Vaticano II

2.1. Una nuova "aurora"

Il concilio Vaticano II, nella sua costituzione pastorale *Gaudium et Spes* sulla Chiesa nel mondo contemporaneo, al n. 29 ha fatto affermazioni basilari sulla fondamentale uguaglianza di tutti gli uomini e la giustizia sociale:

> Ma ogni genere di discriminazione circa i diritti fondamentali della persona, sia in campo sociale che culturale, in ragione del sesso, della razza, del colore, della condizione sociale, della lingua o religione, deve essere superato ed eliminato, come contrario al disegno di Dio. Invero è doloroso constatare che quei diritti fondamentali della persona non sono ancora e dappertutto garantiti pienamente. Avviene così quando si nega alla donna la facoltà di scegliere liberamente il marito e di abbracciare

un determinato stato di vita, oppure di accedere a un'educazione e a una cultura pari a quelle che si ammettono per l'uomo.[61]

A proposito di ciò fece sentire più volte la sua voce il vescovo ausiliare di Colonia, Augustin Frotz (1903-1994), che nella Chiesa tedesca era noto come pioniere per la difesa dei diritti delle donne. Proprio nel suo intervento del 1964 egli parlava della «donna un segno dei tempi» e diceva:

> Lo Schema si propone di certo la difesa e la promozione della dignità della donna, ma lo fa in modo del tutto insufficiente. [...] abbiamo bisogno di ripensare in modo più approfondito e completo l'intero problema delle mutate condizioni di vita della donna e, con l'aiuto di donne competenti, dobbiamo indicare quanto meno il senso di marcia per una graduale soluzione delle gravi questioni connesse. Il motivo di questa impellente necessità viene in modo eminente da papa Giovanni XXIII nell'enciclica *Pacem in terris.* [...] La realtà della mutata situazione della donna nella società moderna è nota nella chiesa, non così, invece, la sua ampiezza e il suo significato per l'ulteriore sviluppo della società e della chiesa. La donna ha perciò il diritto e il dovere di pretendere il riconoscimento della sua dignità personale e lo sviluppo delle proprie predisposizioni per il proprio benessere personale e il bene

[61] Cfr. CONCILIO VATICANO II, Costituzione pastorale sulla Chiesa nel mondo contemporaneo *Gaudium et spes*, 7.12.1965: *EV* 1/1409-1412.

della società umana. Per questo noi stiamo d'avanti ad un nuovo segno dei tempi; noi stiamo d'avanti a mutate situazioni di vita della donna, che talvolta producono vantaggi, talvolta però anche svantaggi per la donna, per la società e non ultimo anche per la chiesa.[62]

Guardare al Vaticano II come ad un momento aurorale comporta in realtà lanciare lo sguardo verso il futuro di maturazione e di compimento per assumersi la responsabilità del tempo presente.

Una ricerca sul significato che il Vaticano II ha avuto per le donne, credenti e non, non comporta però soltanto una visita nell'archivio della memoria.[63] Il Vaticano II rappresenta un inizio, un'aurora, anche per quanto riguarda una ricerca teologica di genere che sia sempre più capace di distinguere tra differenza e discriminazione e tra prospettiva e recriminazione. Anche questo lavoro vuole essere solo un inizio, un accenno. Molto c'è ancora da esaminare sulla trama che ha portato le donne al Concilio e, dopo la sua conclusione, le ha viste inserirsi con sempre maggiore competenza teologica nella vita delle chiese, prendere parte attiva alla ricerca teologica.

---

[62] Cfr. M. von Galli, *Das Konzil,* III, Mainz-Olten 1965, pp. 115ss.

[63] Cfr. L. Buonasorte, «Eva, Maria e la catechista. Figure femminili nelle parole del concilio», in *"Tantum aurora est". Donne e Concilio Vaticano II*, edd. M. Perroni A. Melloni – S. Noceti, Fondazione per le scienze religiose Giovanni XXIII, Bologna 2012, p. 344.

A partire da quel Concilio, infatti, è stata riconosciuta alle donne cattoliche la possibilità di accedere ai gradi accademici nelle facoltà teologiche: un altro inizio un'altra "aurora".[64]

La partecipazione delle donne al Vaticano II non è dunque riducibile ad un folclore conciliare né può essere valutata come un superficiale ammodernamento dei costumi ecclesiali.

Come il card. Leo-Joseph Suenens ha fatto più volte in aula, altri vescovi riprendono la questione delle donne e, con loro, periti e uditori maschi tanto che essa si fa strada anche nelle diverse commissioni. Sono spunti legati certamente alla contingenza degli interventi, ma che consentiranno, se studiati con maggiore accuratezza, di far emergere una teologia conciliare di genere che, a poco a poco, abbandona la discriminazione per aprirsi all'inclusività.[65]

2.2 Un contesto di rinnovamento

Le uditrici chiamate a prendere parte alle ultime due sessioni del Vaticano II hanno rappresentato davvero una novità inaspettata per i cattolici, infatti la loro presenza da dovere essere solo "simbolica" ha

---

[64] Cfr. M. PERRONI, «Introduzione», in *"Tantum aurora est"*, pp. 17ss.
[65] Cfr. L. J. SUENENS, *Ricordi e speranze,* Ed. Paoline, Cinisello Balsamo 1993, pp. 147ss.

invece frantumato la consegna del silenzio, destabilizzando le pretese di molti prelati.[66]

Alla luce di questo cambiamento, si impone una breve riflessione sul contesto storico nel quale prese corpo il Concilio: un'occasione per la Chiesa che, nelle intenzioni di Giovanni XXIII, doveva porsi in ascolto delle donne che aspiravano ad una riconosciuta e più piena dignità. Nella *Pacem in terris* (n. 22),[67] il papa sottolineava come nella donna, entrata a pieno titolo nella vita pubblica, fosse sempre più chiara e operante la coscienza della propria dignità e della personale cognizione di non voler mai essere trattata come strumento.[68]

Nella società occidentale, però, a partire dalla rivoluzione industriale qualcosa era radicalmente cambiato; già dalla metà dell'Ottocento oltre alle singole personalità emergenti si affermarono aggregazioni e movimenti femminili nei quali la parola delle donne prese corpo non solo per esprimere malessere ma anche desideri e aspettative. Lo straordinario lavoro dell'Azione Cattolica, che favoriva nel laicato di tutto il mondo una maturazione circa la consapevolezza e l'impegno ecclesiali ed insieme le significative trasformazioni delle comunità religiose femminili, i movimenti liturgico, biblico, ecumenico e pacifista hanno fatto circolare

---

[66] Cfr. A. VALERIO, «Mulieres taceant? una irruzione inaspettata», in *"Tantum aurora est"*, p. 21.

[67] Cfr. GIOVANNI XXIII, Lettera enciclica *Pacem in terris*, 11.04.1963: *EV* 7/882.

[68] Cfr. A. VALERIO, *Madri del concilio. Ventitré donne al vaticano II*, Carrocci, Roma 2012, p. 34.

linfa vitale, proposte, idee, provocazioni che hanno rotto antichi schemi e messo in campo nuove dinamiche identitarie di cui i padri conciliari hanno dovuto evidentemente tener conto.[69]

Tra le più appassionate cultrici della ricerca della "donna nuova", aperta al dialogo e dalla spiritualità tollerante ed ecumenica, ricordiamo la figura di Antonietta Giacomelli (1857-1949). Nel 1894 aveva fondato assieme a Dora Melegari (1849-1924) l'*Unione per il bene*, un'associazione interconfessionale aperta ad entrambi i sessi per favorire incontri culturali e filantropici.[70]

La sua opera, scritta tra il 1904 ed il 1907, *Adveniant Regnum Tuum,* una trilogia di meditazioni, orientava verso la partecipazione dei fedeli al rito della Messa, auspicandone la celebrazione in italiano, ad un maggior coinvolgimento dei laici nella vita della Chiesa e ad un ecumenismo da vivere come momento di salvezza universale. Gli scritti della Giacomelli furono messi all'Indice nel 1912 e lei stessa, dichiarata scomunicata, commentò la condanna attribuendola ad un tragico errore di quanti avevano frainteso quel risveglio delle coscienze, condannandolo come eretico.[71] Era convinta che la cultura religiosa delle donne dovesse attingere alla sacra Scrittura e alla patristica, al fine di avviare una profonda riforma sociale e

---

[69] Cfr. ID., «Donne e teologia nei primi trent'anni del '900», in *Rassegna di teologia,* 42(2001)1, pp.103-114.

[70] Cfr. R. FOSSATI, «Dal salotto al cenacolo: intellettualità femminile e modernismo», in *Salotti e ruolo femminile in Italia. Tra fine seicento e primo novecento,* edd. M.L. BETRI – E. BRAMBILLA, Marsilio, Venezia 2004, pp. 455-473.

[71] Cfr. A. VALERIO, «Mulieris taceant? una irruzione inaspettata», p. 24.

cristiana: difendere la dignità delle donne significava in definitiva anche potenziare la vita intellettuale.[72]

Alcuni decenni dopo, tali fermenti dovuti ad un diverso modo di guardare ai problemi della società e ad una nuova consapevolezza del ruolo da svolgere all'interno della Chiesa, animeranno le uditrici presenti al Concilio: donne dalla grande personalità ed esperienza, che hanno rivestito un ruolo tutt'altro che esornativo dal momento che sono state in grado di richiamare l'attenzione dei padri conciliari sulla visibilità femminile, di traghettare verso nuove sponde migliaia di loro sorelle, hanno saputo prestare accuratezza verso una Chiesa e un mondo ormai interpellati da nuove domande che ovviamente esigevano nuove risposte.[73]

2.3 Una presenza inaspettata: le "uditrici" al Concilio

A partire dalla II sessione furono invitati alcuni laici in qualità di esperti o come uditori finché dessero il loro contributo su tematiche attinenti al mondo laicale. Da un numero iniziale di otto si arrivò, nella III sessione, a ventotto, soprattutto dietro le sollecitazioni di Vittorio Veronese.[74]

---

[72] Cfr. A. SCOIATTOLO, «Antonietta Giacomelli», in *Italiane. Dall'unità d'Italia alla prima guerra mondiale (1861-1914),* edd. E. Roccella - L. Scaraffia, Laterza, Roma 2004, pp. 97-100.

[73] Cfr. A. VALERIO, *Madri del concilio*, p. 31.

[74] Presidente dell'Azione Cattolica Italiana (1946-1952) nonché presidente del Banco di Roma (1961-1976), Vittorio Veronese ebbe importanti incarichi in seno all'UNESCO e svolse un ruolo di primo piano nell'associazionismo cattolico. Paolo VI lo volle uditore laico nel novembre 1963.

E le donne? A favore della partecipazione delle donne come uditrici alle sessioni del concilio si espresse Paolo VI. Queste furono le parole con le quali, martedì 8 settembre 1964, nell'aula delle udienze a Castel Gandolfo, ufficialmente egli annunciò la partecipazione di uditrici al Concilio:

> Noi crediamo che sia venuto il giorno in cui occorra mettere in più alto onore in maggiore efficienza la vita religiosa femminile; e che questo possa avvenire perfezionando i vincoli che la uniscono a quella della Chiesa intera. Vi faremo a proposito una confidenza: Noi abbiamo dato disposizioni affinché anche alcune Donne qualificate e devote assistano, come Uditrici, a parecchi solenni riti e a parecchie Congregazioni generali della prossima terza Sessione del Concilio Ecumenico Vaticano Secondo. a quelle Congregazioni, diciamo, le cui questioni poste in discussione possono particolarmente interessare la vita della Donna; avremo così per la prima volta, forse, presenti in un Concilio ecumenico alcune, poche, - è ovvio - ma significative e quasi simboliche rappresentanze femminili; di voi, Religiose, per prime; e poi delle grandi organizzazioni femminili cattoliche, affinché la Donna sappia quanto la Chiesa la onori nella dignità del suo essere e della sua missione umana e cristiana.[75]

[75] PAOLO VI, «La festa della natività di Maria celebrata alla presenza di delegazioni religiose», in *Insegnamenti di Paolo VI,* II, LEV, Città del Vaticano 1965, p. 529.

Qualche giorno dopo, per l'inaugurazione della III sessione del Concilio, il Papa salutò le uditrici, sebbene in realtà le donne non fossero presenti. Le nomine alle prime uditrici, infatti, partirono non prima del 21 settembre e solo tre giorni dopo «l'Osservatore Romano» rese noto il primo elenco.[76] A cosa è dovuta questa sfasatura dei tempi? É difficile dirlo se non formulando alcune ipotesi: probabilmente la causa dovette essere la resistenza di alcune personalità della Chiesa alla partecipazione delle donne, semplicemente non ritenendo i tempi ancora maturi.[77]

Dal settembre 1964 al luglio 1965 furono chiamate in tutto ventitré uditrici: dieci religiose e tredici laiche.[78] Alle uditrici bisogna aggiungere le donne chiamate per consultazioni specifiche, anch'esse selezionate non solo per competenza, ma anche per rappresentanza dei vari paesi.[79]

I criteri di selezione rispondevano a più motivazioni,[80] ad esempio per le donne uditrici religiose era stato adottato un criterio di internazionalità e di rappresentanza; pensiamo all'istituto del *Sacro Cuore* e alla *Compagnia delle figlie della Carità*, due congregazioni presenti nel mondo in maniera consistente e significativa. Per altre, un elemento di inclusione fu rappresentare un continente; per altre ancora, prevalse il criterio di

---

[76] Cfr. R. La Valle, *Fedeltà al Concilio. I dibattiti della terza sessione,* Morcelliana, Brescia 1965, p. 10.
[77] Cfr. Ivi, pp. 13ss.
[78] Cfr. A. VALERIO, *Madri del concilio*, p. 42.
[79] Cfr. Ivi, p. 45.
[80] Cfr. M. C. BIANCHI, *Il post concilio e la suora. Documentazione relativa all'attività di madre Costantina Baldinucci come "uditrice" al Concilio Ecumenico Vaticano II nella III e IV sessione,* Tip. S. Benedetto, Viboldone 1967, pp. 79ss.

rappresentanza di altri riti (copto, maronita, greco-melchita, siriaco, armeno, caldeo) in difficili territori di missione; altre donne furono chiamate perché esponenti di comunità di rito bizantino. Anche per le laiche intervennero motivazioni differenti, ovviamente si cercò sempre si salvaguardare la rappresentanza di associazioni internazionali che potevano costituire una presenza larga di diverse aree del mondo.[81]

La partecipazione delle uditrici, nelle intenzioni di molti padri conciliari era di carattere piuttosto simbolico in considerazione delle parole alquanto restrittive di Paolo VI, il quale parlò appunto di «simboliche presenze femminili». In realtà, le uditrici furono presenti alle sessioni e non si registrarono limitazioni potendo invece partecipare attivamente ai lavori delle commissioni.[82]

Nel settembre 1964, anzi, la Segreteria di Stato chiarì a Costantina Baldinucci[83] il compito di uditrice: esso non doveva essere inteso in senso passivo in quanto, al contrario, impegnava chi ne aveva ricevuto il mandato a dare un contributo in termini di studio e di esperienza alle commissioni incaricate di ricevere e di emendare gli schemi preparatori alle sessioni del Concilio.[84]

---

[81] Cfr. A. VALERIO, *Madri del concilio*, p. 47.
[82] Cfr S. NOCETI, «Un "caso serio" della ricezione conciliare: donne e teologia», in *Ricerche Teologiche* 13(2002), pp. 211-224.
[83] Cfr. M. C. BIANCHI, *Il post concilio e la suora,* pp. 102ss.
[84] Cfr. Ivi, p. 142.

Uditori e uditrici laici erano coinvolti nella discussione di alcuni capitoli di importanti schemi quali l'apostolato dei laici e la promozione della donna. Tutti lavorarono in gruppi precedentemente concordati e ciascuno ricevette le relazioni dei lavori degli altri gruppi.[85]

Durante le riunioni dei laici furono preparati alcuni interventi da presentare in aula. Alla chiusura della discussione sullo schema sull'apostolato dei laici, il 13 ottobre 1964, un uditore Patrick Keegan, parlando a nome del gruppo, sottolineò come lo schema riflettesse la scoperta da parte dei laici, uomini e donne, della loro responsabilità dell'apostolato della Chiesa e che pertanto, il gruppo degli uditori-uditrici desiderava che, almeno una volta, loro portavoce fosse una donna. La proposta non fu accettata: far sentire una voce femminile in aula fu considerato prematuro. La collaborazione tra uomini e donne, laici e religiosi era comunque molto intensa e proficua tanto che il loro contributo congiunto fu evidente soprattutto nell'elaborazione degli schemi sull'apostolato dei laici e su quello della Chiesa nel mondo contemporaneo. La riunione di Ariccia, tenutasi dal 31 gennaio al 6 febbraio 1965, con trenta padri, quarantanove periti, quattordici laici (dieci uomini e quattro donne) e due religiose, vide un momento straordinario di lavoro comune che sarebbe confluito nella costituzione pastorale *Gaudium et spes*.

[85] Cfr. Ivi, p. 130.

Alla chiusura del Concilio il 23 novembre 1965, gli uditori e uditrici laiche pubblicarono una dichiarazione congiunta, per rendere conto del lavoro fatto. Consapevoli di essere stati testimoni di una tappa storica di apertura al laicato, essi sottolineavano ancora di più l'importanza vitale di alcuni documenti ai quali avevano dato il loro contributo. In particolare facevano riferimento al capitolo IV della costituzione *Lumen gentium*, che definiva il posto dei laici nella Chiesa, al documento *La Chiesa nel mondo* che dava orientamenti per la partecipazione dei credenti alla costruzione della città umana e al decreto sull'apostolato dei laici, quale carta delle attività apostoliche future di tutti i membri laici.[86] Grazie agli uditori e alle uditrici il Concilio aveva sollevato sul mondo l'attenzione circa le questioni inerenti alla costruzione della pace, i gravi problemi della miseria nel mondo, le disuguaglianze, le ingiustizie e la necessità di una più equa distribuzione delle ricchezze, i bisogni urgenti della salute, dell'educazione e della cultura, circa la difesa della libertà di coscienza, i valori del matrimonio e della famiglia ed infine l'unità di tutti i cristiani, di tutti i credenti, di tutti gli uomini.[87]

---

[86] Cfr. G. BRIGANTINI, *Le donne nel Concilio Vaticano II,* Pont. Univ. Lateranensis, Roma 1984, p. 82.
[87] Cfr. A. VALERIO, *Madri del concilio*, p. 60.

2.4 *La "dignità battesimale" della donna*

La domanda che soggiace alla riflessione fatta è: i documenti del Concilio Vaticano II hanno parlato delle donne? La risposta non può essere totalmente univoca, infatti vi sono rari riferimenti alla donna: si pensi al rilievo che ha avuto nella discussione e poi nei documenti la figura di Maria, o alla riflessione intorno alla vita religiosa femminile o al ruolo delle madri cristiane nella famiglia. Nonostante ciò, però, i riferimenti alle donne sono stati pressoché impliciti e quasi mai riferiti a problemi specifici che le riguardassero. In sintesi non vi è stata la possibilità di portare all'ordine del giorno dell'assemblea la loro voce diretta e alcuni temi di riflessione specificatamente e marcatamente femminili.[88]

A partire dagli schemi preparatori, la figura femminile è trattata sempre in relazione con l'altro, sia esso il Cristo, il vescovo, il marito o i figli. Se non è una religiosa, la donna si stempera nel vasto movimento laicale: è proprio nell'ambito dell'associazionismo laicale, peraltro, che le donne avevano vissuto nuovi percorsi in prima persona nel Novecento.[89]

Leggendo gli interventi dei padri conciliari ci si accorge che vi sono letture antitetiche riguardo al tema da noi trattato:

---

[88] Cfr. L. BUONASORTE, «Eva, Maria e la catechista. Figure femminili nelle parole del concilio», p. 343.
[89] Cfr G. ZARRI, *La memoria di lei. Storia delle donne, storia di genere*, SEI editore, Torino 1996, pp. 175-188.

La prima decisamente avversa alle donne e alla legittimazione della loro presenza; la seconda, più ingenua, volta a supporre che non occorresse nominarle, valendo anche per esse quanto genericamente affermato per i laici di sesso maschile. Probabilmente però, mistificante o utopica, c'era ancora una terza posizione, quella che riteneva ormai superata l'antropologia della subordinazione e si illudeva che il problema fosse ormai superato e dunque non avesse più senso il porlo o il parlarne.[90]

Ma se in Concilio le figure femminili sono entrate poco o nulla, magari dalla "porta di servizio", è entrato invece il *femminile* come categoria, il *materno* come caratteristica della Chiesa e dei cristiani, tanto che sia Giovanni Paolo I sia Giovanni Paolo II parleranno di un Dio che è anche madre. La Chiesa del Vaticano II è dunque meno maschile, in un certo senso, una Chiesa che accoglie amorevolmente e non condanna, che annuncia, ma non impone: sembrano i tratti di un' indole femminile, portata teneramente alla relazione e all'empatia, capace di tollerare la diversità e di non uniformarla a sé.[91]

---

[90] C. MILITIELLO, «Le donne e la riscoperta della dignità battesimale», in "*Tantum aurora est". Donne e Concilio Vaticano II*, edd. M. PERRONI A. MELLONI – S. NOCETI, Fondazione per le scienze religiose Giovanni XXIII, Bologna 2012, p. 220.

[91] Cfr. L. BUONASORTE, «Eva, Maria e la catechista. Figure femminili nelle parole del concilio», p. 350.

Possiamo, dunque, parlare di un «linguaggio "neutro" sia per ricusare la soggettività femminile, sia per affermarla nella sua ovvietà, malgrado di fatto la si veicolasse al maschile».[92]

Tutto ciò emerge da una riflessione più ampia che riguarda il ruolo dei laici all'interno della vita ecclesiale e nell'opera evangelizzatrice; in particolare paradigmatici a tal senso sono i capitoli II e IV della *Lumen gentium.*

Approcciandoci a tali testi e sottolineandone il linguaggio inclusivo (neutro), possiamo cogliere l'immagine di Chiesa sottesa alla teologia di tale costituzione, e in questo contesto estrapolare la visione antropologica e l'incontro che ne deriva con la conseguente differenza dei sessi.

Come è noto la costituzione sulla Chiesa ha in sé una svolta teologica: il fondamento di tutta la riflessione non è più l'istituzione gerarchica, e la derivante visione clericalizzata, ma il popolo di Dio inteso come comunità di battezzati che partecipano ai *tria munera* cristologici: profetico, regale e sacerdotale.

Ciò permette di sottolineare in maniera esplicita la grande dignità di ogni battezzato, sia nell'animazione della vita ecclesiale e sociale che nell'opera evangelizzatrice. Acquisizione teologica ottenuta non senza discussioni o difficoltà:

---

[92] C. MILITIELLO, «Le donne e la riscoperta della dignità battesimale», p. 220.

È chiaro che lo scontro avveniva sul non facile terreno del riconoscimento della soggettualità laicale tanto sul fronte dell'essere che dell'agire ecclesiale. Appariva a taluni esecrabile e pericoloso concedere ai laici autonomia e soggettualità. Con molto disincanto il nodo era pur sempre quello del "potere", proprio ai ministri ordinati, in nessun modo riconducibile ai battezzati.[93]

Il testo finale sottolineò fortemente il sacerdozio comune, specificando però il *munus* sacerdotale (LG 10-11) e profetico (LG 12) del popolo di Dio, e tacendo sull'eventuale *munus* regale.

La riscoperta della dignità battesimale di ogni battezzato non portò immediatamente alla consapevolezza che anche le donne facessero parte di tal popolo. In tal senso significativi sono gli interventi del vescovo di Akka, mons. G. Hakim,[94] che sottolineava l'incomprensibile omertà sul ruolo delle donne nella Chiesa, e al contempo ricordava la grande collaborazione offerta da loro nella vita ecclesiale.

L'intervento più importante, però, resta quello del card. Suenens[95] nella LIII Congregazione generale: nel discorso ampio sui carismi del popolo di Dio, il cardinale sottolinea la grande operatività laicale nei contesti

[93] Ivi, p. 229.
[94] Ivi, p. 231; orig. latino *Acta syinodali sacrosanti concilii ecumenici Vaticani II,* II/III, p. 296.
[95] Ivi, p. 232; orig. latino *Acta syinodali sacrosanti concilii ecumenici Vaticani II,* II/III, pp. 176-177.

catechetici, evangelizzatrici, sociali e caritativi. A differenza di altri interventi però qui si esplicita che i laici sono sia uomini che donne, e si ricorda che l'umanità è per metà femminile e ciò è di grande rilievo: essendo la metà dell'umanità, le donne hanno il diritto di essere ascoltate e valorizzate nel servizio in seno alla Chiesa.

La ricezione di tali interventi pare abbia avuto un riscontro. Resta paradigmatico in tal senso LG 30:

> Riuniti nel popolo di Dio e inseriti nell'unico corpo di Cristo sotto un unico capo, tutti i laici, senza distinzioni, sono chiamati a contribuire quali membra vive all'incremento della Chiesa e alla sua continua santificazione, impiegandovi le forze che hanno ricevuto dalla bontà del creatore e dalla grazia del redentore.
>
> L'apostolato dei laici è partecipazione alla missione salvifica della chiesa, alla quale tutti sono deputati dal Signore per mezzo del battesimo e della confermazione. [...] Oltre a questo apostolato che riguarda indubbiamente tutti i fedeli cristiani, i laici possono essere chiamati in modi diversi ad una collaborazione più immediata con l'apostolato della gerarchia, alla maniera di quegli uomini e di quelle donne che aiutavano

l'apostolo Paolo nel Vangelo e faticavano molto per il Signore (cfr. Fil 4,3; Rm 16,3ss.).[96]

In sintesi possiamo dire che la riscoperta della dignità battesimale ha in sé un percorso necessariamente inclusivo verso la figura femminile. Anche se non esplicitato in modo chiaro e puntuale nei testi conciliari, il riconoscimento dell'importanza dei laici nella vita ecclesiale, siano essi uomini o donne, ha aperto la via al fiorire di un grande rinnovamento pastorale, di cui spesso le donne sono state oggetto e motore. Tale dinamismo, essenzialmente pneumatologico, non è mai mancato nel corso della storia della Chiesa:

> Il cristianesimo, si sa, non ha mai circoscritto l'iniziazione ai soli maschi. Sappiamo per certo che non c'è mai stato un tempo in cui le donne non abbiano ricevuto il battesimo o siano state private del dono dello Spirito o siano state escluse dalla eucaristia. Ciò è consequenziale al fatto che alla sequela di Gesù c'erano uomini e donne e che la comunità post-pasquale ha avuto in esse un referente decisivo. La letteratura a riguardo è immensa. [...] Le tradizioni relative alle donne quali annunciatrici, prime annunciatrici della risurrezione, confermano la loro presenza attiva in seno alla comunità. Inoltre, la prima forma di

[96] Cfr. CONCILIO VATICANO II, Costituzione dogmatica sulla Chiesa *Lumen gentium*, *EV* 1/368-371.

apparizione della chiesa è "domestica", il che comporta la compresenza di uomini e di donne, indipendentemente dai suoi esiti sul piano della leadership ecclesiale.[97]

Il "merito" del CVII resta indubbiamente di aver ricordato a tutti tale verità e aver innestato su di essa una nuova era di collaborazione pastorale tra gerarchia e laici, valorizzando in ciò il ruolo decisivo della donna.

Di grande rilievo resta, in tal senso, la riflessione sul:

> triplice *munus* ossia la profezia come dono/compito iscritto nella gratuità dello Spirito; la regalità come dono/compito iscritto nella sovrana libertà di Dio; il sacerdozio come dono/compito iscritto nel modello diaconico di Cristo, veramente è cifra interpretativa della costituzione di ogni essere umano, del suo venire al mondo ad immagine di Dio e del suo essere restituito, nella sintassi ecclesiale, alla piena somiglianza filiale. Di tutto ciò le donne sono pienamente e totalmente e attivamente partecipi.[98]

Su questo sfondo antropologico e teologico ci approcciamo, alla luce anche degli interventi magisteriali post-conciliari, a definire il ruolo della

---

[97] Cfr. C. MILITIELLO, «Le donne e la riscoperta della dignità battesimale», p. 240.
[98] ID., p. 245.

donna nella Chiesa, e in particolare del suo ruolo attivo nello studio e insegnamento della teologia.

CAPITOLO III

La dignità della donna nel magistero post conciliare e il suo apporto alla teologia

3.1. Il magistero post conciliare

Dopo il Vaticano II sono numerosi gli interventi di Paolo VI e di Giovanni Paolo II sul tema della donna nella Chiesa e nella società. Per comprendere il perché di tale e copioso interesse è utile ricordare alcune parole del Vaticano II, tratte dalla costituzione pastorale *Gaudium et Spes* sulla Chiesa nel mondo contemporaneo:

> Per svolgere questo compito, è dovere permanente della Chiesa di scrutare i segni dei tempi e di interpretarli alla luce del Vangelo, così che, in un modo adatto a ciascuna generazione, possa rispondere ai perenni interrogativi degli uomini sul senso della vita presente e futura e sul loro reciproco rapporto. Bisogna infatti conoscere e comprendere il

mondo in cui viviamo nonché le sue attese, le sue aspirazioni e la sua indole spesso drammatiche.[99]

Basterebbero queste parole per prendere consapevolezza del nuovo clima introdotto dal Vaticano II: ci si rivolge all'uomo, in particolare a quello sofferente. In effetti, l'intera Costituzione ha per oggetto un'attenta riflessione non confinata soltanto ad alcuni elementi costitutivi dell'uomo, quali potrebbero essere la sua coscienza e la sua libertà, ma essa si apre anche e soprattutto all'intero dispiegarsi individuale e sociale dell'essere e dell'agire proprio dell'uomo.[100]

La preoccupazione e l'interesse della Chiesa per la donna vanno collocati in continuità con il Vaticano II. Sono stati i cambiamenti sociali e culturali del XX secolo a provocare questa nuova riflessione.[101]

Questo cambiamento della presenza della donna nella chiesa e nella società è visto come uno dei segni dei tempi, cioè come una chiamata di Dio che richiede riconoscimento e conversione: riconoscere la promozione della donna significa dunque riconoscere una chiamata di Dio.

L'interesse della Chiesa per il tema della donna sarà grande e ciò è reso evidente dai documenti e dai passi da essa compiuti.

---

[99] CONCILIO VATICANO II, Costituzione pastorale sulla Chiesa nel mondo contemporaneo *Gaudium et spes*, 7.12.1965: *EV* 1/1324.

[100] Cfr. P. FARINA, *Dire l'uomo dire di Dio. Corso breve di antropologia teologica,* ET/ET Edizioni, Andria 2014, p. 37.

[101] Cfr. C. A. VALLS, «La donna nel magistero dopo il Vaticano II», in *Ricerche teologiche,* XII (2002)1, p.183.

L'assemblea del Sinodo dei vescovi del 1971, nel capitolo III del documento sulla giustizia nel mondo, affermava:

Vogliamo che le donne abbiano la propria parte di responsabilità e di partecipazione nella vita comunitaria della società e anche della Chiesa. Noi proponiamo che questo argomento venga sottoposto a profondo esame, con mezzi adeguati, per esempio ad opera di una commissione mista composta di uomini e donne, di religiosi e laici di diverse condizioni e competenze.[102]

Paolo VI, accogliendo questa richiesta, costituisce nel 1973 una *Commissione di studio sulla donna nella società e nella Chiesa*[103] che lavora attivamente fino a gennaio del 1976.

La commissione, che ricevette questo incarico, si propose di seguire la metodologia della *Gaudium et spes*: uno sguardo sul mondo, sulle nuove condizioni sociali, sulla situazione reale della comunità umana, il tutto

---

[102] PONTIFICIO CONSIGLIO PER I LAICI (ed.), *La chiesa e l'Anno internazionale della donna 1975,* Città del Vaticano 1977, p. 9; orig. latino *Acta Apostolicam sedis* 63(1971), pp. 933-934.

[103] La commissione, presieduta da S.E. Mons. Bartoletti, era costituita da 15 donne e 10 uomini, ecclesiastici e laici sposati e nubili, rappresentanti di culture, nazionalità e competenze diverse.

senza perdere di vista la tradizione della Chiesa e il contenuto della rivelazione.[104]

Una nota significativa dei "segni dei tempi" in cambiamento: il 18 dicembre 1972, l'Assemblea generale delle Nazioni Unite aveva già proclamato l'*Anno internazionale della donna,* indicandone il triplice scopo: promuovere l'uguaglianza dei diritti, assicurare la piena integrazione delle donne nello sforzo globale di sviluppo a tutti i livelli e ambiti, riconoscere l'importanza del crescente contributo delle donne alla cooperazione tra i popoli a al consolidamento della pace.[105]

Quanto ai lavori della commissione, Paolo VI, nei diversi incontri con la stessa, ebbe a manifestare alcune sue perplessità. Una questione che ritorna più volte era attinente alla complementarietà tra l'uomo e la donna, in quanto fortemente urgente sia nella società civile che nella Chiesa, ed al lavoro di risveglio e di promozione femminile. Si trattava di proteggere la dignità della donna, rispettandone sempre ciò che è genuinamente "femminile": questa è la vera uguaglianza.[106] Egli non nascose la sua preoccupazione per la missione della donna nella famiglia, infatti non discuterà sulla responsabilità della donna quanto piuttosto di una corresponsabilità dell'uomo e della donna nella famiglia.

---

[104] Cfr. PAOLO VI, «Il contributo della donna al programma della società», in *Insegnamenti di Paolo VI,* XII (1974), pp. 1056-1057.

[105] Cfr. PONTIFICIO CONSIGLIO PER I LAICI (ed.), *La chiesa e l'Anno internazionale della donna 1975,* p. 9.

[106] Cfr. PAOLO VI, «Riconoscere e promuovere la missione della donna nella società e nella vita della comunità cristiana», in *Insegnamenti di Paolo VI,* XIII (1975), pp. 310-313.

La Commissione presentò delle richieste concrete sulla base di alcuni presupposti: tutti i membri battezzati del popolo di Dio, ciascuno secondo la propria vocazione, sono chiamati a svolgere la missione dell'evangelizzazione.

Dal momento che la società viene attraversata da un'evoluzione nel modo di considerare la donna e la sua situazione nella totalità, è di conseguenza necessario che quest'ultima vada rivista contemplando la donna all'interno della Chiesa stessa.[107]

Partendo da queste premesse vengono formulate alcune richieste: che si favorisca e si sviluppi la partecipazione delle donne nell'opera di evangelizzazione non solo in posti di responsabilità effettiva e riconosciuta, ma anche a seconda di diversi livelli. Si chiedeva altresì che le conferenze episcopali studiassero, con la collaborazione dei laici, uomini e donne, e delle religiose, l'opportunità e la modalità di ministeri non ordinati, aperti sia agli uomini che alle donne.

Si suggeriva anche la necessità di un'antropologia cristiana che, a partire dalla Rivelazione biblica e dalla Tradizione della Chiesa, potesse illuminare le problematiche che insorgono in una nuova situazione socio-culturale. Allo stesso tempo si sottolineava l'importanza di coltivare un'umile presa di coscienza circa i limiti della teologia nello studio della

[107] Cfr. C. A. VALLS, «La donna nel magistero dopo il Vaticano I», p. 190.

missione della donna nella Chiesa, in quanto, per alcune questioni, la Rivelazione non offre un insegnamento esplicito.

Su questa base, il lavoro finale della Commissione si strutturava attorno a tre grandi temi: l'essere umano, uomo e donna nel disegno di Dio; la donna nella società; la donna nella Chiesa.

Da questa riflessione sulla donna nella Chiesa e nella società nasceva un'ulteriore esigenza: approfondire le scienze umane nel pensiero cristiano. È, infatti, necessario, ancora oggi, ritornare a una visione più giusta del piano di Dio in cui la donna è contemplata quale persona autonoma, libera, responsabile:

> Lo specifico apporto della rivelazione è di confermare la perfetta uguaglianza dell'uomo e della donna come persone d'avanti a Dio. Cristo libera la donna dallo stato di inferiorità. I primi cristiani le consideravano come sorelle. [...] La promozione della donna si opera nella verità per mezzo dell'intelligenza più profonda della propria responsabilità come donna uguale all'uomo, suo compagno. Essere donna come essere uomo è una vocazione della persona. Ciascuno deve quindi assumere la propria realtà umana come una realtà santa.[108]

[108] I. DE LA POTTERIE, «La donna nella Sacra Scrittura», in *La Chiesa e l'Anno Internazionale della donna 1975*, p. 85.

Per portare avanti il compito-desiderio indicato all'inizio della *Gaudium et spes,* la Chiesa deve prestare ogni cura e attenzione nel riconoscere alla donna la piena dignità conferitale dal Creatore. Questo sarà il suo modo di contribuire alla promozione sociale femminile con in più una peculiarità: è la donna stessa che aspira a diventare protagonista della propria promozione.[109]

Non sorprende che gli ostacoli incontrati non siano pochi o minimi: anche nella stessa Chiesa che oggi sente l'urgenza di schiudere le sue strutture pastorali, perlopiù caratterizzate da una prevalente componente maschile, e lavorare verso una responsabile partecipazione della donna.[110]

In questo cammino bisogna dunque che si ascolti la voce di tutti, anche di coloro che una voce non ce l'hanno.

Il sinodo del 1987 si muove nella stessa linea del lavoro della Commissione di studio sulla donna nella Chiesa e nella società. Molti sono i progressi effettuati, soprattutto nel rendere possibile la rimozione degli ostacoli che inficiavano la partecipazione della donna nell'ambito socio-ulturale-politico. Tuttavia il pieno riconoscimento della dignità della donna è palesemente una conquista che ancora oggi mostra il volto di una meta ambita da raggiungere.

---

[109] Cfr. M. J. LE GUILLOU, «La novità della prospettiva evangelica nei riguardi della donna», in *La Chiesa e l'Anno Internazionale della donna 1975,* pp. 86-90.

[110] Cfr. F. BIFFI, «La donna in una società a dimensioni mondiali: 1975», in *La Chiesa e l'Anno Internazionale della donna 1975,* pp. 113-158.

3.2. La dignità della donna nel magistero di Giovanni Paolo II

Nell'esortazione apostolica post-sinodale *Christifideles laici* al n. 51 troviamo un'affermazione importante che ritornerà in altri scritti di Giovanni Paolo II: «È del tutto necessario passare dal riconoscimento teorico della presenza attiva e responsabile della donna nella Chiesa alla realizzazione pratica».[111]

Tra i diversi ambiti e compiti nominati, si parla, allo stesso numero, di promuovere la presenza della donna in tutto ciò che riguarda la trasmissione della fede e l'approfondimento della Parola di Dio, la sua comprensione e comunicazione ed infine «anche mediante lo studio, la ricerca e la docenza teologica».[112]

Nel magistero di Giovanni Paolo II troviamo importanti documenti che fanno riferimento alla dignità della donna. Il più importante è la lettera Apostolica *Mulieris dignitatem,* sulla dignità e vocazione della donna, scritta in occasione dell'anno mariano (1988). In essa, il Papa difende la specificità femminile accanto alle novità antropologiche ma, più ancora degli altri documenti dello stesso pontefice, la *Mulieris dignitatem* sfugge ad ogni classificazione. La sua originalità per stile e per contenuti rende arduo ogni tentativo di localizzarla in modo univoco nel contesto consueto

---

[111] GIOVANNI PAOLO II, Esortazione apostolica post-sinodale *Christifideles laici,* 30.12.1988: *EV* 11/1826-1836.
[112] *Ibid.*

della riflessione sulla Bibbia: il Papa stesso la chiama semplicemente una «meditazione».[113]

In Giovanni Paolo II si riscontra quell'atteggiamento meditativo che l'evangelista Luca attribuisce a Maria: confrontare la parola di Dio mettendola insieme nel proprio cuore (cfr. Lc 2,19.51).[114]

Questo tipo di riflessione biblica non è in realtà del tutto nuova in Giovanni Paolo II: si tratta di un approccio estetico-sapienziale al mistero rivelato, di una contemplazione esperienziale della Bibbia, cioè di una decifrazione circa l'indicibile nascosto nelle parole, di un intuire l'infinito nelle sue espressioni contingenti.[115]

La natura meditativa della *Mulieris dignitatem* non deve indurci, però, a considerare il testo privo di argomentazione teologica. Vengono considerati anche gli apporti più riconosciuti sia dell'esegesi scientifica sia delle riflessioni della teologia femminista.[116] Tutto questo va dimostrato e documentato in dettaglio ma in questo contesto non ci è purtroppo possibile farlo.

Quello che invece possiamo ancora annotare è che, la pregnanza biblica della *Mulieris dignitatem* traspare anche dagli stessi titoli dei vari capitoli e

---

[113] Cfr. GIOVANNI PAOLO II, Lettera Apostolica *Mulieris Dignitatem,* 15.08.1988: *EV* 11/1206-1345.
[114] Cfr. H.F. M. KO, «La «donna» nella rilettura biblica di Giovanni Paolo II», in *Come si manifesta in Maria la dignità della donna,* edd. P. ERMANNO - M. TONIOLO, Roma centro di cultura mariana Madre della Chiesa 1990, p. 85.
[115] Cfr. Ivi, p. 86.
[116] Cfr. P. VANZAN, «Mulieris Dignitatem: reazioni, contenuti e prospettive», in *La Civiltà Cattolica* 139, IV, 3321 (1988), pp. 253ss.

paragrafi. Il Papa ama usare simboli, evidenziare archetipi, adoperare concetti non meglio definiti che lasciano ampio spazio per un'intuizione sapienziale o per un approfondimento gustoso, come ad esempio al n. 29 ove si legge «il genio della donna» e «la caratteristica profetica della donna».[117]

La presenza della donna quindi traccia l'orizzonte della salvezza e ne scandisce il ritmo storico. Nel mistero della donna è raffigurato, in una sintesi meravigliosa, tutto il progetto salvifico di Dio. In questo senso il Papa non esita nel fare delle affermazioni alquanto forti che possono anche sorprendere a prima vista, quale ad esempio: «la pienezza del tempo manifesta la straordinaria dignità della donna»[118] (MD 4). Al n. 11 il Papa sottolinea che Maria è «il nuovo principio della *dignità e vocazione della donna,* di tutte le donne e di ciascuna».[119] In questo senso egli applica ad ogni donna il verso del *Magnificat* riferito da Maria a se stessa: «Grandi cose ha fatto in me l'onnipotente». Questa riscoperta è collegata allo stupore e alla consapevolezza del dono di Dio. Essa sfocia in una piena gratitudine fino a diventarne profezia[120] all'interno di una società che oggi più che mai ne è bisognosa, marcata com'è dalla perdita della sensibilità

[117] GIOVANNI PAOLO II, Lettera Apostolica *Mulieris Dignitatem, EV* 11/1332-1336.
[118] Ivi, *EV* 11/1217-1219.
[119] Ivi, *EV* 11/1253-1261.
[120] Cfr. H.F. M. KO, *La "donna" nella rilettura biblica di Giovanni Paolo II*, p. 88.

dell'umano.[121] E quasi per accentuare ancor di più questo stile estetico, la lettera ci delizia chiudendosi in bellezza con un capitolo intitolato: «Se tu conoscessi i doni di Dio».

Cettina Militello osserva che questa lettera è il primo documento pontificio che assume il femminile come chiave ermeneutica.[122] In questo documento Giovanni Paolo II esprime davvero un'attenzione particolare nei confronti dell'essenza femminile, il suo rispetto profondo è decisamente non comune. Essa è un atto contemplativo della donna, di ciò che la donna dovrebbe essere ma anche di ciò che la donna faticosamente riesce ad esprimere di se stessa nel mondo di oggi.[123]

La *Lettera Apostolica* esprime lo stato d'animo di chi si rende conto della gravità delle ferite ontologiche subite più o meno inconsapevolmente dalle donne, vede queste ferite come la conseguenza, ma anche la causa di una importante sofferenza antropologica dell'essere umano in quanto tale, uomo e donna, ed indica la strada per il recupero dell'identità non soltanto femminile, ma anche maschile.

Il capitolo III della *Mulieris dignitatem* ci colloca nel contesto del principio biblico della Genesi: la donna, come l'uomo, è immagine di Dio quindi la donna è anche sostanzialmente uguale all'uomo: la donna è

---

[121] Cfr. Ivi, p. 95.

[122] Cfr. C. MILITELLO, *Maria con occhi di donna*, Piemme, Casale Monferrato 1990, pp. 20ss.

[123] Cfr. C. A. VALLS, «La donna nel magistero dopo il Vaticano II», pp. 200ss.

riconosciuta dall'uomo come «carne della sua carne ed osso dalle sue ossa» e per questo è chiamata «donna» (cfr. Gen 2,23). Riprendendo Genesi 2,23, ove vi è la distinzione tra «'is - 'issah», il papa sottolinea che l'analogia del sonno indica qui non tanto un passare dalla coscienza alla subcoscienza quanto al "non-essere", ossia al momento antecedente alla creazione, affinché da esso, per iniziativa creatrice di Dio, l'uomo solitario possa riemergere nella sua duplice unità di maschio e femmina.[124]

Quindi la donna è presenza che svela all'uomo ciò che egli è. Ne consegue che l'uomo e la donna sono chiamati fin dall'inizio ad esistere reciprocamente l'uno per l'altro.

Il fatto che l'uomo, creato come uomo e come donna, sia immagine di Dio non significa solo che ciascuno di loro è simile a Dio, come essere razionale e libero. Significa anche che l'uomo e la donna creati come unità dei due nella comune umanità sono chiamati a vivere una comunione d'amore e in tal modo rispecchiare nel mondo la comunione d'amore che è in Dio, per la quale le tre Persone si amano nell'intimo dell'unica vita divina.[125]

---

[124] Cfr. GIOVANNI PAOLO II, «L'unità originaria dell'uomo e della donna nell'umanità», in *Insegnamenti di Giovanni Paolo II*, II/2 (1979), LEV, Città del Vaticano 1980, pp. 1071-1075.
[125] GIOVANNI PAOLO II, Lettera Apostolica *Mulieris dignitatem*, *EV* 11/1235-1238.

Numerose volte negli scritti di Giovanni Paolo II ricorre l'espressione "genio femminile". Illuminanti per spiegare il significato del termine ci sembrano le parole di Giulia Paola Di Nicola:

> Quando Giovanni Paolo II ha utilizzato questa espressione, [...] non pochi hanno pensato che essa dovesse essere intesa come un puro omaggio alle donne.[...] Per cercare di comprendere il senso dell'espressione, occorre non fermarsi all'evocazione retorica per cogliere la differenza tra *genio* e *talento:* il talento esclude una gran parte dell'umanità dal circuito privilegiato degli intellettuali e degli accademici della storia, si identifica con istruzione e intellettualismo, mentre la genialità implica ampiezza di vedute oltre l'umano, progettualità alta e profezia, radicandosi nella migliore rivelazione dei doni dello spirito. [...] È facile che gli intellettuali siano sprovvisti di una tale genialità evangelica, di cui invece risultano dotati i bambini e le donne, giacché l'espressione della genialità ha il suo punto forte nell'amore "folle". [...] Amore è soprattutto sapienza dell'ineffabile, contemplazione di segrete comunicazioni non espresse nelle parole.[126]

[126] G. P. DI NICOLA, *Donne e chiesa* (maggio 2003), in https:// sedosmission.org /old/ita /dinicola.htm (consultato il 28/02/2017).

Giovanni Paolo II, parlando del genio femminile, non si riferisce soltanto alle donne grandi e famose, ma anche a quelle semplici che esprimono il loro genio femminile al servizio degli altri nella normalità del quotidiano.[127]

Il genio della donna è saper intuire l'uomo: lei che forse ancor più dell'uomo *vede l'uomo,* perché lo vede con il cuore. Lo vede indipendentemente dai vari sistemi ideologici o politici, lo vede nella sua grandezza e nei suoi limiti e cerca di venirgli incontro e di *essergli di aiuto.*

Il genio della donna è, nella sua massima espressione, *amore di carità.*

Quali dunque le strade che la donna deve percorrere per realizzare la propria missione nella società e nella Chiesa?

La prima e fondamentale missione della donna è promuovere un'autentica "civiltà dell'amore",[128] basata sulla radicale affermazione del valore della vita e del valore dell'amore. Sempre per costruire la civiltà dell'amore, Giovanni Paolo II sottolinea l'importanza dell'educazione alla pace ed anche in questo la donna ha un compito insostituibile: «desidero rivolgere il Messaggio per la presente Giornata della Pace soprattutto alle

---

[127] Cfr. GIOVANNI PAOLO II, *Lettera alle donne,* 29.6.1995: *EV 13/2900-2929.*

[128] C. VERDI, *Il Papa che amava le donne. Nessuno diede loro tanto spazio* (02 aprile 2005), in http//www.tgcom.mediaset.it/cronaca/articoli/articolo250593.shtml (consultato il 28/02/2017).

donne, chiedendo loro di farsi educatrici di pace con tutto il loro essere e con tutto il loro operare».[129]

Con *essere* si intende quell'atteggiamento esistenziale in cui non si ha nulla né si aspira ad avere alcunché, ma individua una condizione di gioia in cui si usano le proprie facoltà in maniera creativa, si è tutt'uno col mondo.[130]

Purtroppo le difficoltà non mancano e sentiamo, ancora una volta, di dichiarare con onestà, che le donne sono ben lontane dall'esserci riuscite. Le ragioni della difficoltà potrebbero ricondursi, per molte donne, all'incapacità di liberarsi dal desiderio, più o meno inconscio, di omologazione al modello maschile. Ad esempio, nel luogo di lavoro la donna dovrebbe indossare e promuovere una presenza che richiami ad una logica assolutamente diversa da quella competitiva ed antagonista "maschile", mettendo in evidenza uno stile più orientato a potenziare le relazioni interpersonali e la collaborazione reciproca.

La nostra società è del resto ancora profondamente maschilista. Per *maschilismo* si intende qualcosa di più del solo dominio dell'uomo sulla donna: si indica la sottomissione dell'uomo, sia maschio che femmina, alla forza mascolina della *ratio.*[131]

---

[129] GIOVANNI PAOLO II, *Messaggio all'inizio del 1995 per la Giornata della Pace: la donna educatrice di pace,* 08.12.1994: *EV* 14 /2017-2036.
[130] Cfr. E. FROMM, *Avere o essere*, Mondadori, Milano 1977, p. 31.
[131] Cfr. V. Mele, «Dignità e missione della donna nell'Insegnamento di Giovanni Paolo II», *in Medicina e Moralia,* 57(2007), pp. 1035-1060.

La donna mai come oggi ha un importante compito maieutico: risvegliare nell'essere umano la dimensione dell'amore, la quale non può che rispondere alla logica dell'essere. La liberazione della donna si realizza ridestando quindi la dimensione del femminile nell'uomo e nella donna. Tale compito è frutto di un faticoso cammino, infatti risulta più semplice appropriarsi dell'amore in forma esclusiva, diventandone vittima come spesso la donna ha fatto nei tempi passati e talvolta fa ancora oggi; d'altra parte è anche più facile adeguarsi alla logica maschile, come molte donne fanno nei nostri tempi anziché cercare di realizzare il ben più difficile compito maieutico di risveglio dell'amore dai meandri dell'animo umano.[132]

3.3. Papa Francesco: "La Chiesa è donna"

La questione femminile in teologia, se così si può dire, nasce in dialogo con i femminismi che si presentano nelle vesti di un orizzonte magmatico e plurale. Tuttavia, il nucleo essenziale, la domanda pratica che è sorta da molti anni negli ambienti ecclesiali, a volte con toni romantici altre volte polemici, e che viene ripresa dai più svariati convegni fino alle capillari iniziative parrocchiali, è che si chiede una *parola di donna.* Oltre allo spirito dei tempi, su questa richiesta influiscono gli interventi magisteriali espressamente richiamati nel precedente paragrafo ed ora è Papa Francesco

[132] Cfr. *Ibid.*

a muovere e promuovere il dibattito, con le sue parole che sono insieme apertamente innovatrici e affabilmente conservatrici:[133]

> Ho ricordato l'indispensabile apporto della donna nella società, in particolare con la sua sensibilità e intuizione verso l'altro, il debole e l'indifeso; mi sono rallegrato nel vedere molte donne condividere alcune responsabilità pastorali con i sacerdoti nell'accompagnamento di persone, famiglie e gruppi, come nella riflessione teologica ed ho auspicato che si allarghino gli spazi per una presenza femminile più capillare ed incisiva nella Chiesa.[134]

Papa Francesco afferma a più voci e in vari documenti che i laici sono semplicemente l'immensa maggioranza del popolo di Dio. Al loro servizio vi è una minoranza: i ministri ordinati. Constata una realtà ineludibile: la crescita della coscienza dell'identità e della missione del laico nella Chiesa. Ma la presa di coscienza di questa responsabilità laicale che nasce dal Battesimo e dalla Confermazione, non si manifesta nello stesso modo ovunque. In alcuni casi questo accade in quanto non esiste una ricezione di una formazione che permetta di assumere responsabilità importanti; in altri casi il movente sta nel non aver trovato spazio nelle chiese particolari per

[133] Cfr. C. SIMONELLI, «Dire la differenza senza ideologie», in *Il regno. Attualità*, 60(2015)1, pp. 54-55.
[134] PAPA FRANCESCO, *La Chiesa è donna*, EDB, Bologna 2016, p. 61.

poter esprimersi ed agire a causa di un eccessivo clericalismo che mantiene al margine delle decisioni. Anche se si nota una maggiore partecipazione ai valori cristiani tanto nel mondo politico quanto in quello sociale ed economico, talvolta il laico si limita a compiti che non lo coinvolgono nell'applicazione del Vangelo alla trasformazione della società. Ecco perché Papa Francesco segnala la necessità della formazione dei laici e l'evangelizzazione delle categorie professionali e intellettuali in quanto rappresentano un'importante sfida pastorale.[135]

Il Papa auspica che nuovi spazi di responsabilità possano ulteriormente ampliarsi alla presenza e all'attività delle donne, sia nell'ambito ecclesiale - cosa di cui si vedono i primi effetti[136]- sia in quello civile e delle professioni, senza prescindere dal ruolo fondamentale della donna nella famiglia. Le doti di delicatezza, peculiare sensibilità e tenerezza di cui è ricco l'animo femminile, rappresentano non solo una genuina forza per la vita delle famiglie, per l'irradiazione di un clima di serenità e di armonia, ma anche una realtà senza la quale la vocazione umana sarebbe irrealizzabile. La famiglia per noi cristiani non dovrebbe essere un luogo privato, bensì il ritratto di quella "Chiesa domestica", la cui salute e prosperità è condizione necessaria per la Chiesa e la società.

---

[135] Cfr. PAPA FRANCESCO, Esortazione Apostolica *Evangelii gaudium,* 8 dicembre 2013, in *Acta Apostolicae Sedis* 105(2013), p. 1023.

[136] Ad esempio la nomina di Luzia Premoli come membro della Congregazione per l'evangelizzazione dei popoli e di Nuria Calduch e Bruna Costacurta nella Pontificia commissione biblica.

«Pensiamo alla Madonna: la Madonna nella Chiesa crea qualcosa che non possono creare i preti, i vescovi e i Papi. È lei l'autentico genio femminile».[137]

Nel suo messaggio al festival della famiglia del 2 dicembre 2014, il Papa richiama l'attenzione su un fenomeno poco studiato: l'occupazione femminile. Egli comprende come molte donne avvertano il bisogno di essere meglio riconosciute nei loro diritti, nel valore dei compiti che esse svolgono abitualmente nei diversi settori della vita sociale e professionale, nelle loro aspirazioni in seno alla famiglia e alla società. Il Papa riconferma infine il contributo impareggiabile che la donna dona alla "vita" e alla società.[138]

3.4. La donna e la teologia: un cammino con tante potenzialità

Dopo ciascun Concilio si è aperta una fase più o meno lunga e più o meno intensa e significativa, di assimilazione delle decisioni assembleari da parte della Chiesa come comunità di credenti oltre che come insieme di strutture organizzative.[139] A più di cinquant'anni dalla conclusione del concilio Vaticano II, appare necessario interrogarsi ancora sui fenomeni

---

[137] Cfr. PAPA FRANCESCO, *La Chiesa è donna,* p. 63.
[138] Cfr. Ivi, p. 87.
[139] Cfr. G. ALBERIGO, «La condizione cristiana dopo il Vaticano II», in *Il Vaticano II e la chiesa*, edd. G. ALBERIGO - J.P. JOSSUA, Paideia, Brescia 1985, p. 11.

che hanno caratterizzato l'evoluzione della Chiesa, e cercare di capire come la recezione conciliare abbia influito sul rapporto “donne e teologia”.

La nostra articolazione culturale esige la posizione della differenza e, dall’altra parte, solo così potremo oltrepassarla. Nel progetto di Dio, la differenza è la modalità “altra di essere per l'altro”, riprendendo le riflessioni dipanate in precedenza.

Secondo la prospettiva sviluppata da Y.M. Congar, J.M.R. Tillard e G. Routhier,[140] con “recezione” si intenderà quel processo collettivo mediante il quale le chiese locali accolgono e assimilano le decisioni e le prospettive definite da un Concilio, riconoscendovi anche la Tradizione Apostolica e una particolare ricchezza in ordine alle necessità storiche del momento.

Il rapporto “donne e teologia” è reso possibile dal radicale rinnovamento dell'autocoscienza ecclesiale e della comprensione teologica, avvenute con e dal Vaticano II. Il rapporto “donne e teologia” rappresenta una cartina di tornasole grazie alla quale verificare le reali realizzazioni delle intuizioni conciliari, ma è anche segno di una recezione incompleta.

La riflessione proposta sulla donna, è lontana da qualsiasi pretesa di completezza ed esaustività. È arduo, se non impossibile, offrire una trattazione organica e globale dal momento che, in un processo di comunicazione e comunione qual è la recezione, sono coinvolti molteplici soggetti agenti: la gerarchia ecclesiastica, i teologi, tutte le alte componenti

---

[140] Cfr. S. Noceti, «Un caso serio della recezione conciliare donne e teologia», p. 212.

del Popolo di Dio. Negli ultimi cinquant'anni, inoltre, è stata pubblicata una mole enorme di documenti magisteriali e non, in più sono nate e sono state strutturate numerose nuove forme di vita ecclesiale che non possono essere esaminate nel loro insieme. Data l'ampiezza dell'argomento in esame, non entreremo nel merito dei contenuti e delle impostazioni teologiche sviluppate dalle donne, ma esamineremo il fenomeno ponendo attenzione al divenire dei "soggetti donne" e al riconoscimento del loro *status* di teologhe.[141]

Possiamo leggere lo sviluppo della teologia delle donne solo se lo pensiamo all'interno di un processo di assimilazione di autocoscienza ecclesiale che ha mutato la forma storica dell'essere Chiesa, l'esercizio della soggettualità dei credenti, il ruolo del laico e l'impostazione stessa della teologia.

Per comprendere l'evoluzione delle donne nella Chiesa, oltre a fattori extraecclesiali ed extra teologici, è possibile cercare e trovare le risposte anche in fattori teologici ed ecclesiali, quali ad esempio: l'accoglienza di una nuova visione ecclesiologica "Chiesa popolo di Dio"; la maturazione di una nuova autocoscienza ecclesiale; lo sviluppo di nuove forme del teologizzare; un nuovo spazio del laicato nella vita ecclesiale. Altrettanto essenziali sono stati, però, la trasformazione sociale e culturale che ha investito la tradizionale codificazione dei ruoli e dei rapporti uomo-donna

[141] Cfr. Ivi, p. 214.

ed anche i movimenti di liberazione ed emancipazione delle donne. Così pure i riconoscimenti ottenuti da queste nel mondo delle professioni e il loro apporto alla ricerca intellettuale: ricordiamo a tal proposito le filosofe E. Stein, S. Weil, H. Arendt, A. Heller, le quali hanno preparato un retroterra su cui la "teologia delle donne" ha trovato terra fertile.[142]

Oggi, alcuni problemi sembrano investire la teologia delle donne nel contesto italiano.[143] Più in particolare le problematiche delle donne teologhe sono quelle proprie dei laici che assumono il servizio ecclesiale e culturale della teologia.[144]

I problemi, in realtà, sono sopratutto di riconoscimento professionale. Entrando nelle facoltà teologiche le donne hanno avuto inizialmente l'impressione di trovarsi in una terra straniera. Eppure sono caduti un po' alla volta i pregiudizi e gli stereotipi antifemministi che accrescevano distanze di grande portata nella possibilità di dar vita ad un confronto caratterizzato da stima e reciproca accoglienza.[145]

Lentamente è stata elaborata la consapevolezza che i contrasti e le difficoltà non sono da attribuire automaticamente al mondo maschile, esse

---

[142] Cfr. Ivi, p. 216.

[143] Cfr. C. MILITELLO, «Donne teologiche: ancora in seconda fila», in *Chiesa in Italia. Annali,* EDB, Bologna 1995, pp. 139ss.

[144] Cfr. U. SARTORIO, «Laici e teologia oggi. Le scuole di formazione teologica», in *Studia Patavina* 44(1997), pp. 43-54.

[145] Cfr. M. FARINA, «Editoriale Donne e teologia: percorsi propositivi tra invisibilità e profezia», in *Ricerche teologiche,* 13(2002)1, p. 4.

hanno infatti matrici molto più complesse in quegli schemi mentali misogini presenti talvolta anche nelle donne.

Di conseguenza si prende coscienza che un autentico umanesimo non possa non essere integrale, cioè non possa non abbracciare radicalmente la persona umana e il suo destino e nemmeno possa arrestare le domande antropologiche a metà strada limitandosi al livello fenomenologico descrittivo.

Coniugare ragione e sentimento non è stato un compito aggiuntivo del teologare quanto invece il metodo per elaborare una teologia "altra" che è giunta progressivamente a gustare la necessità del dialogo quale tensione verso la totalità.

Per procedere nel cammino, risulta fondamentale favorire l'accesso alla teologia tanto quanto comunicare la passione del sapere alle nuove generazioni, coinvolgerle nelle ricerche con umile ardimento,[146] con fedeltà profetica, con discernimento evangelico, coltivando in sé e promuovendo in loro il pensare credente alla scuola di Maria, paradigma della Chiesa che continuamente fa memoria, approfondisce, mette a confronto le grandi opere di Dio.[147]

Sono tappe dunque necessarie ed obbligatorie. Il mistero della donna potrà sembrarci chiaro se coglieremo la giusta chiave di lettura, al contrario

---

[146] Cfr. Ivi, p. 7.
[147] Cfr. *Ibid.*

ci sembrerà oscuro se assoggetteremo questa lettura al solo vaglio critico. Una cosa è certa: oscuro o chiaro che sia tale mistero, dobbiamo sulla nostra pelle identificare ciò che siamo perché soltanto nell'acquisizione culturale di ciò che siamo potremo proporre un "modello" nuovo, un modello che non parli più della specificità o della diversità. Che sia invece sempre un appello alla reciprocità quale modo nuovo e/o rinnovato per deporre come insanabile la frattura uomo-donna.

Per intenderci, né gineceo, né androceo, ma un mondo, una Chiesa, una teologia, una spiritualità nella quale uomini e donne insieme pongano il problema della loro rispondenza piena al disegno di Dio.[148]

Le donne hanno ancora da dire tutto, stanno appena cominciando a balbettare, sebbene in fondo sia l'umanità tutta che balbetta: infatti, sino a quando maschile e femminile non interagiranno, sino a quando il discorso non sarà fatto pienamente a "due" voci, allora non sarà possibile neppure immergersi nello stesso mistero, non lo si comprenderà, tanto quello della donna quanto quello dell'uomo. Sempre in definitiva risulta paradigma perfetto Cristo che è il rivelatore dell'uomo e Maria che, per singolare grazia, realizza in sé il Mistero di Dio.

Quindi la sfida di ogni donna è tentare di squarciare tutto ciò che sta dietro al termine mistero, tutto ciò che sta dietro al problema della

---

[148] Cfr. C. MILITELLO, «Maria e la diaconia della donna nella Chiesa», in *Aspetti della presenza di Maria nella Chiesa in cammino verso il 2000. (Atti del 7 Simposio Internazionale Mariologico - Roma, 21-23 giugno 1988*), edd. E. PERFETTO, Edizioni Marianum, Roma 1989, pp. 117-183.

coscienza e autocoscienza femminile. La questione sta nel comprendere quale relazione ci lega alla Parola, capire cosa vuol dire accogliere quella Parola, cosa significa meditare la Parola.

Là dove c'e la Parola c'è anche lo Spirito: Essa ci costituisce come umanità reciproca a Dio. È alla Parola che la donna deve attingere per essere pienamente umana. In ciò Maria ci è modello, perché sino in fondo si è consegnata alla Parola.[149]

---

[149] Cfr. *Ibid.*

CONCLUSIONE

Concludendo questo lavoro di tesi farò cenno all'atteggiamento dell'Apostolo Paolo nei confronti delle donne e alle parole che lui pronuncia nella lettera ai *Galati* 3,26-28: «Tutti voi siete figli di Dio in Cristo Gesù attraverso la fede, poiché quanti siete battezzati in Cristo vi siete rivestiti di Cristo. Non c'è più giudeo né greco, non c'è schiavo né libero, non c'è maschio non c'è femmina, poiché tutti voi siete uno in Cristo Gesù».

L'essere in Cristo, quindi comporta uno sconfinamento, un riposizionarsi nella complessa rete di relazioni di cui ognuno di noi è costituito.[150] Ciò emerge già nelle prime comunità cristiane: non solo le donne pregavano e profetizzavano a Corinto, ma rivestivano posizione di responsabilità nelle comunità. Erano alla guida delle chiese domestiche, insegnavano le Scritture, annunciavano il Vangelo e partecipavano pienamente alla missione della Chiesa dell'origini. San Paolo è uno dei primi che intravede la carica rivoluzionaria che il Vangelo, formulato nei termini della giustificazione per fede, ha per le donne.

I dati che riguardano la presenza e il ruolo delle donne nella Chiesa delle origini, pur non essendo molto abbondanti, costituiscono una chiara

---

[150] Cfr. E. SCHÜSSLER, *Gesù, Figlio Di Miriam, profeta della Sofia,* Claudiana, Torino 1996, pp. 27ss.

attestazione dell'applicazione del principio fondamentale di uguaglianza nella dignità e nella responsabilità missionaria.

Con questi presupposti, alla donna è affidata la missione di evangelizzazione e di autentica promozione della dignità ontologica dell'esistenza, oggi spesso sotto scacco di una mentalità che considera l'essere umano non come una persona ma come una cosa, suscettibile di compra-vendita e a servizio dell'interesse egoistico.

Il fine della tesi, ovvero sottolineare la dignità della donna e in particolare il suo apporto nel campo teologico, è qui proposto come umilmente raggiunto.

L'approfondimento del dato della Rivelazione, l'analisi sia del ruolo e della considerazione che la donna aveva nel contesto giudaico, nella predicazione e nella vita di Gesù di Nazareth, hanno contribuito a tracciare un excursus valido quale argomentazione preparativa per il nucleo principale della ricerca.

Gli scritti veterotestamentari, pur presentando un contesto tipicamente patriarcale e spesso ostile alla donna, fanno emergere comunque alcune figure femminili importanti, ad esempio le profetesse, o l'uso di metafore teologiche femminili, ad esempio Dio come madre, che svelano quindi una pedagogia divina: essa presenta al popolo israelitico la dignità e il ruolo della donna nella società civile/religiosa.

In questo progetto divino si pone in continuità Gesù Cristo, segnando una svolta nel rapporto e nella considerazione sociale e religiosa della donna. I suoi gesti, i suoi atteggiamenti e le sue parole segnano, infatti, una conversione del cuore e della mentalità, che inizierà a portar i suoi frutti, come suddetto, nelle prime comunità cristiane: la donna non solo è oggetto della Rivelazione divina, ma diviene anche soggetto della stessa, chiamata ad annunciare accanto agli apostoli il *kerigma* cristologico. A tal proposito paradigmatiche restano le figure di Maria, madre di Cristo e di Dio, e Maria di Magdala.

In questa prospettiva si è potuto valutare in modo trasversale gli interventi magisteriali più significativi che hanno avvalorato ancor di più i motivi per cui la questione qui trattata sia di urgente importanza: il magistero ha illuminato sulla crescente sensibilità verso la riscoperta della pari dignità di genere, sia nel contesto civile che nell'ambito diaconico ecclesiale.

Imprescindibile, in particolare, resta rivalutare e potenziare l'apporto che la donna può avere nella teologia, nello studio e nell'insegnamento. Una riflessione antropologica e teologica particolarmente attenta al "femminile", infatti, potrebbe rappresentare la strada per rivedere alcuni modelli interpretativi dell'umano sviluppati nella modernità che rischiano di condurre verso derive meramente soggettivistiche ed individualistiche.

La dimensione femminile deve, dunque, poter vivere la propria spiritualità nella Chiesa, in modo diverso e reciproco rispetto a quella maschile. Le donne, infatti, si accostano al testo sacro in modo più aperto e creativo e la loro modalità espressiva è più immediata, diretta e appassionata.[151] Nonostante ciò le donne impegnate in campo religioso continuano ad essere in numero nettamente inferiore rispetto agli uomini. In questo modo, durante l'insegnamento vengono generalmente assunte modalità di ragionamento tipicamente virili mentre viene sprecato l'enorme potenziale educativo messo a disposizione dall'intelligenza emotiva tipica delle donne. Eppure la presenza silenziosa della donna nella Chiesa ha portato quest'ultima a riconoscere nuovi schemi e metodi di ricerca. Come sostiene Meneghetti,[152] le donne laiche e religiose hanno sempre avuto un ruolo innovatore nell'educazione della fede: sono le prime ad impegnarsi all'interno delle comunità parrocchiali, nel lavoro di catechesi rivolto ai giovani e ai ragazzi mettendo il loro tempo e la loro intelligenza al servizio della Chiesa.

Sarebbe soprattutto necessario che la Chiesa e le chiese, senza paura, tornassero semplicemente a ispirarsi alle parole e al comportamento di Gesù verso le donne, assumendone i pensieri, i sentimenti, gli

---

[151] Cfr. R. NAPOLITANO, «Il genio femminile e il suo insorgere nel magistero e nella teologia spirituale degli ultimi decenni del XX secolo», in *Instituto Spiritualitatis Pontificiae Facultatis Theologicae Teresianum*, Roma 2003, p. 255.
[152] Cfr. A. MENEGHETTI, «Donna serva della parola», in *Dizionario di omiletica,* Elledici, Torino 1998, p. 397.

atteggiamenti umanissimi e, nello stesso tempo, decisivi anche per la forma della comunità cristiana e dei rapporti in essa esistenti tra gli uomini e donne, che ormai sono tutti una sola cosa in Cristo Gesù.

Si tratta, in sostanza, di liberare «le energie della speranza traducendole in sogni profetici e in azioni trasformatrici», lasciandoci guidare della fantasia della carità,[153] contribuendo, così, a raggiungere, grazie alla preghiera, alla predicazione, all'educazione e all'azione, l'obiettivo indicato nell'appello ecumenico alle Chiese cristiane: «sradicare la pianta cattiva di culture, leggi e tradizioni che ancora oggi, in varie parti del mondo, discriminano la donna, non di rado avvilendola nel ruolo di un semplice oggetto di cui disporre».

Parlando di dignità non è possibile, però, rimanere su un piano prettamente teorico, in quanto essa riguarda la vita quotidiana di ognuno, e comporta la revisione, talvolta radicale, di comportamenti, atteggiamenti, stili comunicativi che non di rado denotano ancora oggi uno strisciante maschilismo. Ne consegue che solo un'educazione al rispetto della dignità umana, che abbracci l'intera vita dell'individuo, può costituire un fattore preventivo di discriminazioni, maltrattamenti e abusi ai danni della donna e una grande valorizzazione, invece, delle sue potenzialità.

---

[153] FRANCESCO, Esortazione apostolica *Amoris laetitia*, in *Acta Apostolicam Sedis* 56(2016), 56.

TAVOLA DELLE SIGLE E DELLE ABBREVIAZIONI

cfr.	confronta
cap.	capitolo/i
ecc.	eccetera
ed./edd.	curatore/curatori
EV	*Enchiridion Vaticanum*
n.	numero
p./pp.	pagina/pagine
vol.	volume

BIBLIOGRAFIA

FONTI MAGISTERIALI

CONCILIO VATICANO II, Costituzione pastorale sulla chiesa nel mondo contemporaneo *Gaudium et spes*, 7.12.1965: *EV* 1/1319-1644.

–, Costituzione dogmatica sulla Chiesa *Lumen gentium*, 21.11.1964: *EV* 1/368-371.

FRANCESCO, Esortazione Apostolica *Evangelii gaudium,* 8 dicembre 2013, in *Acta Apostolicae Sedis* 105(2013), 1018-1136.

GIOVANNI PAOLO II, Esortazione apostolica post-sinodale *Christifideles laici,* 30.12.1988: *EV* 11/1826-1836.

–, Lettera enciclica *Dives in Misericordia,* 30.11.1980: *EV* 7/882.

–, *Insegnamenti di Giovanni Paolo II*, II/2 (1979), LEV, Città del Vaticano 1980.

–, *Lettera alle donne,* 29.6.1995: *EV 13/2900-2929.*

–, Lettera Apostolica *Mulieris Dignitatem,* 15.08.1988: *EV* 11/1206-1345.

–, *Messaggio all'inizio del 1995 per la Giornata della Pace: la donna educatrice di pace,* 08.12.1994: *EV* 14 /2017-2036.

–, Lettera enciclica *Redemptoris Mater*, 25.03.1987: *EV 10*/1313-1316.

GIOVANNI XXIII, Lettera enciclica *Pacem in terris*, 11.04.1963: *EV* 7/882.

PAOLO VI, *Discorso del 21 novembre 1964*, in AAS 56 (1964), 1015.

–, *Insegnamenti di Paolo VI,* II, XII, XII, LEV, Città del Vaticano 1964, 1974, 1975.

–, *Messaggio del santo Padre Paolo VI alle donne*, 08.12.1965: *EV* 1/256.

ALTRI STUDI

ALBERIGO G., «La condizione cristiana dopo il Vaticano II», in *Il Vaticano II e la chiesa*, edd. G. ALBERIGO - J.P. JOSSUA, Paideia, Brescia 1985.

BARBAGLIO G., *Gesù ebreo di galilea. Indagine storica,* EDB, Bologna 2002.

BIANCHI E., *Gesù e le donne,* Einaudi s.p.a., Torino 2016.

BIANCHI M. C., *Il post concilio e la suora. Documentazione relativa all'attività di madre Costantina Baldinucci come "uditrice" al Concilio Ecumenico Vaticano II nella III e IV sessione,* Tip. S. Benedetto, Viboldone 1967.

BIFFI F., «La donna in una società a dimensioni mondiali: 1975», in *La Chiesa e l'Anno Internazionale della donna 1975,* ed. PONTIFICIO CONSIGLIO PER I LAICI, Città del Vaticano 1977.

BRIGANTINI G., *Le donne nel Concilio Vaticano II,* Pont. Univ. Lateranensis, Roma 1984.

BUONASORTE L., «Eva, Maria e la catechista. Figure femminili nelle parole del concilio», in *"Tantum aurora est". Donne e Concilio Vaticano II*, edd. M. PERRONI A. MELLONI – S. NOCETI, Fondazione per le scienze religiose Giovanni XXIII, Bologna 2012.

COVELLI J., *Infinita è la sua tenerezza. Il volto umano di Dio*, Paoline, Milano 1998.

DE BOER E., *Maria Maddalena. Oltre il mito alla ricerca della sua vera identità,* Claudiana, Torino 2000.

DE LA POTTERIE I., «La donna nella Sacra Scrittura», in *La Chiesa e l'Anno Internazionale della donna 1975*, ed. PONTIFICIO CONSIGLIO PER I LAICI, Città del Vaticano 1977.

DE LUBAC H., *L'eterno Femminino,* Marietti, Bologna 1969.

DE PINZAN C., *La città delle dame,* Carrocci, Milano 1997.

DELUMEAU J., *La paura in occidente,* SEI editore, Torino 1994.

DI PILATO V., *Consegnati a Dio,* Città Nuova Editrice 2010.

DIEZ M.A., «Magdala», in *Enciclopedia della Bibbia,* IV, ElleDiCi, Torino 1970.

DREWERMANN E., *Il messaggio delle donne. Il sapere dell'amore,* Queriniana, Brescia 1993.

FARINA M., «Editoriale Donne e teologia: percorsi propositivi tra invisibilità e profezia», in *Ricerche teologiche,* 13(2002)1, 3-14.

FARINA P., *Dire l'uomo dire di Dio. Corso breve di antropologia teologica,* ET/ET Edizioni, Andria 2014.

FISCHER I., «Donne nell'AT», in *Donne e bibbia. Storia ed esegesi,* ed. A. VALERIO, EDB, Bologna 2006.

FOSSATI R., «Dal salotto al cenacolo: intellettualità femminile e modernismo», in *Salotti e ruolo femminile in Italia. Tra fine seicento e primo novecento,* edd. M.L. BETRI – E. BRAMBILLA, Marsilio, Venezia 2004.

FRANCESCO, *Il Vangelo del sorriso. Non siate mai uomini e donne tristi,* edd. J. SCHWIETERT- L. ROGAK, Edizioni Piemme Spa, Milano 2013.

–, *La Chiesa è donna,* EDB, Bologna 2016

FROMM E., *Avere o essere,* Mondadori, Milano 1977.

HESCHEL A. J., *Il sabato,* Garzanti, Milano 1999.

JOHNSON E., *Colei che è. Il mistero di Dio nel discorso teologico femminista,* Queriniana, Brescia 1999.

KO H.F.M., «La "donna" nella rilettura biblica di Giovanni Paolo II», in *Come si manifesta in Maria la dignità della donna,* edd. P. ERMANNO - M. TONIOLO, Roma centro di cultura mariana Madre della Chiesa 1990.

LA VALLE R., *Fedeltà al Concilio. I dibattiti della terza sessione,* Morcelliana, Brescia 1965.

LAMBIASI F. - VITALI D., *Lo Spirito Santo Mistero e Presenza,* EDB, Bologna 2004.

LE GUILLOU M. J., «La novità della prospettiva evangelica nei riguardi della donna», in *La Chiesa e l'Anno Internazionale della donna 1975*, ed. PONTIFICIO CONSIGLIO PER I LAICI, Città del Vaticano 1977.

MENEGHETTI A., «Donna serva della parola», in *Dizionario di omiletica,* Elledici, Torino 1998.

MELE V., «Dignità e missione della donna nell'Insegnamento di Giovanni Paolo II», *in Medicina e Moralia,* 57(2007), *1035-161.*

MILITELLO C., «Differenza sessuale e patrimonio teologico», in *Antropologia cristiana. Bibbia, teologia, Cultura*, ed. G. MORICONI, Città Nuova, Roma 2001.

–, «Donne teologiche: ancora in seconda fila», in *Chiesa in Italia. Annali,* EDB, Bologna 1995.

–, «Le donne e la riscoperta della dignità battesimale», in *"Tantum aurora est". Donne e Concilio Vaticano II*, edd. M. PERRONI A. MELLONI – S. NOCETI, Fondazione per le scienze religiose Giovanni XXIII, Bologna 2012.

–, *Maria con occhi di donna,* Piemme, Casale Monferrato 1990.

–, «Maria e la diaconia della donna nella Chiesa», in *Aspetti della presenza di Maria nella Chiesa in cammino verso il 2000. (Atti del 7 Simposio Internazionale Mariologico - Roma, 21-23 giugno 1988*), ed. E. PERFETTO, Edizioni Marianum, Roma 1989.

–, «Ruah-Spirito», in *Le donne dicono Dio. Quale Dio dicono le donne?E Dio dice le donne*, edd. M.T. BELLENZIER - O. CAVALLO, Paoline, Milano 1995.

NAPOLITANO R., «Il genio femminile e il suo insorgere nel magistero e nella teologia spirituale degli ultimi decenni del XX secolo», in *Instituto Spiritualitatis Pontificiae Facultatis Theologicae Teresianum*, Roma 2003.

NOCETI S., «Un 'caso serio' della ricezione conciliare: donne e teologia», in *Ricerche Teologiche* 13(2002), 211-224.

ORIGENE, *Commento a Matteo. Series/1*, Città nuova, Roma 2004.

PERRONI M., «Introduzione», in *" "Tantum aurora est". Donne e Concilio Vaticano II*, edd. M. PERRONI A. MELLONI – S. NOCETI, Fondazione per le scienze religiose Giovanni XXIII, Bologna 2012.

PIKAZA X., «La Madre de Jesus. Introduccion a la mariologia», in *Come si manifesta in Maria la dignità della donna*, edd. P. ERMANNO- M. TONIOLO, Centro di cultura mariana Madre della Chiesa, Roma 1990.

PORCILE SANTISO T., *La donna spazio di salvezza. Missione della donna nella chiesa, una prospettiva antropologica,* Dehoniane, Bologna 1996.

RIGATO M. L., *Discepole di Gesù*, EDB, Bologna 2011.

–, *Giovanni: l'enigma il Presbitero il culto il Tempio la cristologia,* EDB, Bologna 2007.

ROSSÈ G, *Il vangelo di Luca. Commento esegetico e teologico,* Città Nuova, Roma 1995.

ROSSO UBIGLI L., «La donna nel giudaismo antico», in *Parole di vita*, 30(1985)5, 352-360.

SAGHI ABBRAVANEL D., «La metà di Abramo, la metà del cielo», in *Orot,* 1 1191/2.

SARTORIO U., «Laici e teologia oggi. Le scuole di formazione teologica», in *Studia Patavina* 44(1997), 43-54.

SCOIATTOLO A., «Antonietta Giacomelli», in *Italiane. Dall'unità d'Italia alla prima guerra mondiale (1861-1914),* edd. E. Roccella - L. Scaraffia, Laterza, Roma 2004.

SEBASTIANI L., *Donne dei Vangeli,* Edizioni Paoline, Milano 1994.

SIMONELLI C., «Dire la differenza senza ideologie», in *Il regno. Attualità*, 60(2015)1, 53-65.

STEFANI P., «Il mistero della nascita e della vita nell'ebraismo», in SeFeR 23(2000)92.

SUENENS L. J., *Ricordi e speranze,* Ed. Paoline, Cinisello Balsamo 1993.

VALERIO A, «Donne e teologia nei primi trent'anni del '900»›, in *Rassegna di teologia,* 42(2001)1, 103-114.

–, *Madri del concilio. Ventitré donne al vaticano II*, Carrocci, Roma 2012.

–, «Mulieres taceant? Una irruzione inaspettata», in *"Tantum aurora est". Donne e Concilio Vaticano II*, edd. M. PERRONI A. MELLONI – S. NOCETI, Fondazione per le scienze religiose Giovanni XXIII, Bologna 2012.

VALLS C.A., «La donna nel magistero dopo il Vaticano II», in *Ricerche teologiche*, 12(2002)1, 183-209.

VANZAN P., «Mulieris Dignitatem: reazioni, contenuti e prospettive», in *La Civiltà Cattolica* 139, IV, 3321 (1988), 250-260.

ZARRI G., *La memoria di lei. Storia delle donne, storia di genere*, SEI editore, Torino 1996.

SITOGRAFIA

DI NICOLA G. P., *Donne e chiesa* (maggio 2003), in https://sedosmission.org/old/ita/dinicola.htm (consultato il 28/02/2017).

FRANCESCO, *Discorso ai partecipanti del congresso nazionale promosso dal centro italiano femminile* (25 gennaio 2014), in https://w2.vatican.va/content francesco/it/speeches/2014/january/documents/papa-francesco_20140125_centro-italiano-femminile.html (consultato il 28/02/2018).

SPADARO A., *Intervista a Papa Francesco*, in https://w2.vatican.va/content/francesco/it/speeches/2013/september/documents/papa-francesco_20130921_intervista-spadaro.html (consultato il 02.03.2018).

VERDI C., *Il Papa che amava le donne. Nessuno diede loro tanto spazio.* (02 aprile 2005), in http//www.tgcom.mediaset.it/cronaca/articoli/articolo250593.shtml (consultato il 28/02/2017).

INDICE

Printed by Books on Demand GmbH, Norderstedt / Germany